跨领域初中历史教学

陈泽群　朱命有 ◎主编

东北师范大学出版社

长　春

图书在版编目（CIP）数据

跨领域初中历史教学 / 陈泽群，朱命有主编. — 长春：东北师范大学出版社，2020.7
ISBN 978-7-5681-7014-7

Ⅰ. ①跨… Ⅱ. ①陈… ②朱… Ⅲ. ①中学历史课–教学研究–初中 Ⅳ. ①G633.512

中国版本图书馆CIP数据核字（2020）第129990号

□策划创意：刘　鹏
□责任编辑：邓江英　张　冉　□封面设计：言之凿
□责任校对：刘彦妮　张小娅　□责任印制：许　冰

东北师范大学出版社出版发行
长春净月经济开发区金宝街 118 号（邮政编码：130117）
电话：0431-84568115
网址：http：//www.nenup.com
北京言之凿文化发展有限公司设计部制版
北京政采印刷服务有限公司印装
北京市中关村科技园区通州园金桥科技产业基地环科中路 17 号（邮编：101102）
2022年6月第1版　2022年6月第1次印刷
幅面尺寸：170mm × 240mm　印张：15.5　字数：257千

定价：45.00元

编 委 会

序言

有教育专家曾指出："课堂以外就没有学科了。"他强调的是在实践中解决问题的知识与方法总是综合性的、跨学科的，实践中不存在纯粹的学科问题。那么是不是学科分类就毫无意义了呢？其实不然，学科分类的出现恰恰是文明进步的表现。

最晚在西汉刘向、刘歆父子编《七略》之时，我国就已形成了以"六艺"为核心的知识分类体系。《七略》由《辑略》《六艺略》《诸子略》《诗赋略》《兵书略》《术数略》《方技略》组成，其中的"六艺"是指《诗》《书》《礼》《易》《春秋》《论语》这些儒家典籍。至唐代，修撰《隋书·经籍志》时建立起经、史、子、集四部知识分类系统，中国传统的知识分类体系基本形成，一直沿用到清代编写《四库全书》。鸦片战争后，中国传统的知识体系遭到冲击，西方近代学科分类体系逐渐步入中国。1904年，清政府颁布了一系列新学制文件，史称"癸卯学制"。癸卯学制确定了八科分类的框架，即经学科、政法科、文学科、医科、格致科、农科、工科、商科。此后，经北洋政府、国民政府以及中华人民共和国的进一步调整，逐步在中学形成了现行的学科分类教学体系。现行的学科分类教学在推动我国教育教学发展以及科学研究的进步方面发挥了重要作用。

但是，在教学实践中我们发现，分科教学与培养综合性、创新性人才确实存在一定的矛盾。这是因为分科教学将知识与方法局限于各学科领域内，不利于学生运用综合的、创新的思维方式解决实际问题。基于对上述矛盾的认识，2001年教育部颁布了《基础教育课程改革纲要（试行）》，首次设置了综合实践课程并作为必修课，以此解决学科融合和实践探究的问题。十多年来，综合实践课程的开设虽然也起到了一定的作用，但各地的重视程度不同，发挥的效果也不一样。

如何突破分科教学的局限性？我们认为就现实而言，归根结底还是得回到学科教学本身。为此，我们提出了“跨领域历史教学”的方法路径，希望以此破解上述难题。什么是“跨领域历史教学”？简而言之，就是综合运用其他学科的知识、方法与思维解决历史教学问题。图1为“跨领域历史教学的理论模型”，结合该模型，我们将阐述该模型的以下几个要素与特征。

一、跨领域历史教学的核心是解决历史教学问题

跨领域历史教学不是为了跨学科而存在，而是为了更好地解决历史教学问题。跨领域历史教学不是各学科知识的拼凑，而是强调运用其他学科的知识和方法服务于历史课程目标的实施。因此，它的终极目标不是多学科的多元教学目标，而仅仅只是历史学科的一元教学目标。

我们将历史教学问题分成三类：一是史学问题，即运用其他学科的知识、方法与思维探究史学问题，如以地理气候知识分析郑和下西洋的时间及航行路线，以历史地理知识分析长城走向和游牧民族南下；二是教学问题，即运用其他学科的知识、方法与思维突破教学的重难点问题，如以物理学方法对曲辕犁进行力的分析，从而解决曲辕犁如何适应并促进古代农业发展的难点问题；三是学习问题，即运用其他学科的知识、方法与思维提高学生自主学习的效果，如以绘制漫画、制作地图、撰写诗歌、填写歌词等方式丰富学习方式，提高学生自主学习效果。

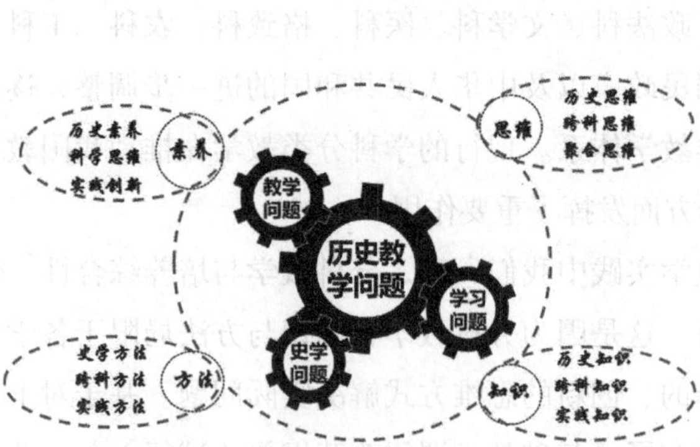

图1　跨领域历史教学的理论模型

二、跨领域历史教学强调知识的综合性

跨领域历史教学是以解决问题为核心，强调历史知识与跨学科知识以及实践知识的结合，全方位调动学生人文知识、科学知识和生活实践知识，达到优化学生知识结构、活化知识运用的目的。例如，在探究北宋“三冗”现象时，调动地理知识分析汴京所处地理环境，学生自然就能理解到北宋都城无险可守，只能走上养兵驻防的道路。在教授明代中后期对外交流活动时，我们参考以下教学活动，以促进学生调动运用历史知识、地理知识、经济知识等综合解决问题。

案例1

明代隆庆二年（1568），有一位陈姓澄海商人拟往东南亚从事海外商贸活动，请你为陈姓商人设计一份出海经商的项目方案。

一、时间

什么时间出发较好？什么时间返回有利？理由是什么？

二、地点

（1）从哪里出发比较好？目的地是哪里？理由是什么？

（2）请在当时可见的地图——《大明混一图》上尝试设计航行路线图，在设计航线时你会遇到什么困难？（地图略）

三、商贸

（1）为获取最大利润和降低风险，你计划运载何种商品？理由是什么？

（2）你计划以何种货币作为交换媒介？为什么要选择该种货币？

（3）当地是否存在竞争对手？对手来自哪里？

四、风险评估

（1）政策及法律风险：朝廷是否会同意该次航行？可能的政策及法律风险是什么？最坏的结果是什么？请说明理由。

（2）航海风险：现有的地图及航海知识是否足以支持本次航海活动？请论证其可行性。

（3）治安风险：是否需要武装力量保护商船？朝廷会如何看待武装保护的商船队伍？

通过历史知识与跨领域知识的结合，将学生置于具体的时空环境下，提升

了学生的时空观念，也对明代海外贸易状况、经济发展状况、政治特色和武装走私盛行等历史问题加深了理解。

三、跨领域历史教学重视思维的灵活性

跨领域历史教学将思维科学引入教学，着力培养历史思维，重视各学科思维融合共通，鼓励学生灵活运用跨学科思维创造性解决历史教学问题。例如，在地理大发现教学中运用数学归纳思维，归纳这一时期的各种航海活动，从而得出从分散走向整体的历史规律；运用演绎思维对资本驱动下的殖民扩张进行分析，从而理解世界市场的形成；运用假定思维对哥伦布航海活动进行探究，从而加深对历史必然性和偶然性的认识。我们曾运用文学的思维方式设计了一个教学活动，目的是解决历史时序的教学问题，起到了很好的教学效果。

案例2

糊涂的编剧

□有一辆汽车开过来	□警察到了
□人们四处奔跑	□疑犯被抓了

以上四个故事情节，请任意排列一个先后次序，并按照这个时间次序进行推理，每人编出一个小故事并互相分享。你们各自编出的小故事有何不同？为什么会不同？

总之，跨领域历史教学有利于学生形象思维、逻辑思维和灵感思维的全面发展。

四、跨领域历史教学鼓励方法的多样性

每门学科自有其学科理论、学科知识和学科研究方法。例如，历史学注重文献研究，社会学注重田野调查，物理、化学等自然学科注重实验验证，地理学注重多要素综合分析，生物学注重事物之间的联系分析等。跨领域历史教学鼓励在解决历史教学问题时运用发散性思维，采用历史学科方法、跨学科方法以及实践方法等多样化的方法解决教学问题。例如，在探究“什么是历史”时，为加深学生对“历史记录具有选择性”的理解，可运用实验验证的方法，设计教学活动。

案例3

人们能还原真实的历史吗？

请班级里的两名同学合作表演任意一个简单的故事情节，其他同学各自记录下来。大家可以分享各自的记述。你发现了什么有意思的现象？请和同伴们分享你的感悟。

上述实验，学生亲自实践，形成真实的历史体验，将实验验证引入历史教学起到了意想不到的效果。

五、跨领域历史教学聚焦培养核心素养

跨领域历史教学建基于学生的核心素养，同时促进了学生核心素养的发展。我们认为人文素养是历史、哲学、政治、经济、艺术等人文学科知识、方法与思维融合、沉淀的结晶，科学素养是各个自然学科知识、方法与思维融合、沉淀的结晶，因而跨领域历史教学是将孤立的学科核心素养发展到学生核心素养的催化剂。总的来说，在促进学生人文素养、科学素养和实践创新素养方面，跨领域历史教学能发挥突出的作用。

六、跨领域历史教学突出学习的实践性

纯粹的学科教学很难给予学生解决问题的真实体验，这是因为实践当中几乎不存在纯粹的学科问题。现实中的问题往往都是综合性问题，解决问题的知识与方法也是综合性知识与方法。正因为如此，跨领域历史教学突出学习的实践性，鼓励学生在现实生活中发现问题、研究问题、解决问题，从而获得真实体验。近年来，我们开展了多次全市性历史实践教学活动，突出跨学科和实践性特色，编纂了多部实践教学成果交集，并在2019年获评广东省教育教学成果二等奖。

陈泽群老师是跨领域历史教学的主要倡导者和实践者。近年来，在她的大力推动下，我市初中历史教学有了长足发展，“跨领域”与“实践性”逐步成为汕头初中历史教学的特色。非常感谢以陈泽群老师为代表的省、市工作室成员，与你们的合作真是一件无比美妙的事情！

朱命有

2019年9月23日

目录

第一章

文学与初中历史教学

随风潜入夜　润物细无声

——用文学元素点亮历史课堂

汕头经济特区林百欣中学　周玫燕

中学历史跨学科教学是指在中学历史学科的教学活动中，能自觉地、有序地、有意地、有机地联系其他学科的知识与能力，与中学历史学科交叉渗透，编织具有中学历史的知识网络，推进中学历史学科教学活动的开展，促进中学历史学科教学目标的达成。[①]历史学科的发展历程与很多学科息息相关，而在众多的学科当中，语文与历史总是相伴而行的。历史学科与语文学科之间的联系是颇有渊源的，素有“文史不分家”“文史交融，文可为史添秀，史可为文之材”的说法。这表明文学中的很多内容与历史学科中的内容是相联系的。在教学实践中，我们发现在课堂中合理地运用文学因素对中学历史教学与语文教学来说是互利共赢的。

一、中学历史教学与文学结合的可行性

1. 文学作品与历史可以相互佐证

鲁迅先生曾评价《史记》：“史家之绝唱，无韵之离骚。”《史记》的史学价值和文学价值是毋庸置疑的。著名学者章学诚先生在文史不分家的观点上提出“六经皆史”；翦伯赞先生在“六经皆史”的基础上，进一步提出文献史料的范围是非常庞大的；[②]王学典先生主编的《史学引论》一书中从后现代

① 兰绍平.跨学科渗透教学：提高学生综合能力的有效途径［J］.现代中小学教育，2007（4）：19.

② 翦伯赞.大家小书：史料与史学［M］.北京：北京出版社，2005.

主义者的角度出发，认为文学与史学是密切联系的，在强调史学的文学性时，其实强调的是历史是语言的作用，认为历史是一种叙事①；庞天佑先生所著的《中国古代文学作品的史料价值研究》一书中提道：一些历史学家突破传统史料研究方法，将文学作品与史料联系起来进行对比与分析，从而研究历史，拓展了史料搜集范围，对历史研究具有重要意义。综上所述，文学是具有史学价值的。在中学历史教学中，可以合理地开发和挖掘历史教学服务的文学作品。

2. 各学科之间是相互渗透的关系

在新课程标准理念的指导下，教师们越来越重视各学科之间相互结合、相互渗透的关系。《义务教育历史课程标准（2011年版）》在“课程资源的利用与开发建议”部分中明确指出：“历史学科是一门综合性很强的人文学科，涉及的领域广泛。学校应有意识地调整图书馆或资料室的藏书结构和规模，合理配置人文社会科学方面的书籍，如通识著作、历史刊物、历史文物图册、历史地图、历史图表、通俗历史读物、历史小说、科学技术史、文学艺术史、考古和旅游等方面的读物，以供学生查阅，丰富学生的社会、人文知识，加深他们对课程内容的理解。”②这说明历史课程资源是丰富多样的，中学历史教师应该积极开发这些有效资源，从而在历史教学中辅助完成历史教育的功能。此外，《义务教育历史课程标准（2011年版）》关于课程实施建议有如下解释：“历史知识并非是孤立分散的，历史教师在进行历史教学的过程中，要将历史知识进行拓展与比较，并与其他学科相联系，从而加深学生对历史知识的理解和把握。”③这表明相关的历史学科知识涵盖在各个领域和各个领域的不同层面。历史学科知识不仅具有基础性，还具有联系性，积极开发各学科的知识，将其运用到历史教学中，可以促进学生全面发展。

二、如何在中学历史教学中渗透文学元素

文学作品在培养学生人文素养的过程中发挥着独特的作用。加强历史学科

---

① 王学典.史学引论［M］.北京：北京大学出版社，2008.

② 中华人民共和国教育部.义务教育历史课程标准［S］.北京：人民教育出版社，2015：45.

③ 中华人民共和国教育部.义务教育历史课程标准［S］.北京：人民教育出版社，2015：37.

与文学的交流与联系的深化，对于历史核心素养的实现具有重要意义。众所周知，文学作品是某一特定时代的产物，是对当时时代的反映。每个时代都会产生具有那个时代特征的文学。同样一篇文学作品，运用到历史课堂教学中，我们会重点分析这篇文学作品所蕴含的历史信息，如发展趋势、阶级地位、经济地位、思想状况等，而在语文的课堂教学中，我们更多的是分析其艺术性、思想状况和文学手法。如果我们将两者结合起来，我们在享受其文学艺术之美的同时，还可以了解它的历史渊源。因此，学生眼中无聊的历史将变得生动有趣和富有感染力。文学被赋予了悠久的历史，将变得广泛而深刻。

1. 与诗词结合

任世江教授以《义务教育历史课程标准（2011年版）》为中心，在课程内容选择建议的方式里面分析到了诗、词、曲等文学史内容的立意变化。他指出："历史课标将唐诗作为社会繁荣的表现，这与语文课标是不相同的。盛世不仅是经济发展，文学艺术也一定出现活跃局面。"这就要求历史教师应从社会生活的角度来解读唐诗，而不是分析字词的解释、作者、影响、地位。

诗词，是文字，也是印迹，它记录着创作者的心境，也记载着一段又一段的历史。它是我们中华优秀传统文化不可缺失的一部分，五千年厚重积淀的中华经典诗词滋养着一代又一代的中国人，影响着中华民族的价值取向、情感认同。将诗词歌赋与中学历史课堂教学结合起来，有利于提高学生的文学素养，激发学生的学习兴趣，加深学生对历史史实的理解，提高课堂教学效率。

例如，教师在讲授安史之乱时，可以引用杜甫《茅屋为秋风所破歌》中的"布衾多年冷似铁，娇儿恶卧踏里裂。床头屋漏无干处，雨脚如麻未断绝"，让学生体会安史之乱带给百姓的生活困苦之感。引用杜牧《过华清宫》中的"一骑红尘妃子笑，无人知是荔枝来"来形容唐玄宗对杨贵妃的娇纵。通过诗人简短的描写可以反映出当时整个统治阶层的状态，层层铺垫后，安史之乱的爆发便可娓娓道来。再如，教师在讲授《张骞通西域和丝绸之路的开辟》这一课时，可以提到"春风不度玉门关"，学生自然而然可以想到"黄河远上白云间，一片孤城万仞山"。通过"春风不度玉门关"联系到"新栽杨柳三千里，引得春风度玉关"，进而对左宗棠收复新疆的历史进行讲述。

中国古代文化发展的主线和成就一直都是一线历史教师头疼的一个教学处理点。教师可以结合一些具体的文学作品来加深对这一板块知识点的理解。

中国古代文学发展的基本脉络是先秦散文—汉赋—唐诗—宋词—元曲—明清小说。在历史教学中，一般每课只是以一个简短的章节标题作为介绍，学生理解起来并不容易。为此，在对中国古代文化史的解释中，我们可以借鉴文献中相关的典型作品，在历史教学中把知识联系起来，以弥补文化历史的苍白性。例如，通过分析李白、杜甫的诗歌，了解唐代文化的繁荣；通过苏轼的《念奴娇·赤壁怀古》，李清照的《声声慢·寻寻觅觅》《醉花阴·薄雾浓云愁永昼》，柳永的《雨霖铃·寒蝉凄切》了解豪放派和婉约派的风格差异；通过《窦娥冤》加深对元朝的理解；通过中国古代长篇小说四大名著来了解明清小说和封建社会衰落历史阶段的特点。这不仅回顾了文学知识，还使学生掌握了历史。

在历史课堂教学中借助诗词，让诗词走进历史课堂，在诗词中感受当时的时代背景、词人的心境，实现文史结合。这样既可以增加历史课堂的美感，又可以活跃课堂气氛，调动学生学习历史的积极性，强化历史知识的学习，从而提高他们的读史能力。

2. 与小说结合

历史是发生在过去的客观存在的事实，历史研究是一门注重实证的学问，其具有一定的科学性、严谨性和严肃性。受此理念影响，我们的历史教学越来越强调史料教学。然而，历史小说作为文学作品的重要组成部分，在中学历史教学中也可以成为史料教学的重要资源。[①]小说是特定历史时期的产物，它以特定的历史为背景，塑造生动的历史人物形象。小说通常是通过隐喻的方法来展现某一个历史时期所呈现出的社会发展中的问题。

将小说引进历史课堂教学与我们的历史教学注重实证的观念并不冲突。例如，社会历史观强调历史不仅是政治和经济意识形态和外交等重大事件，而且是与芸芸众生密切相关的小事件，包括社会习俗、食物、衣服、住房和交通。八年级历史教材中就有《中国近代的社会生活与科技文化》这一单元。课程要求：了解民国以来社会习俗的变化，了解其历史原因及社会生活的变化。许多教材在处理这个单元时只做了一个简单的知识梳理。事实上，学生们如何理解

① 何成刚，沈成慧. 历史小说：一种重要的历史教学资源［J］.教育科学研究，2008（6）：42.

这个概念是模糊的。像这种情况，教师在授课的过程中可以适当地结合小说加以解释、说明。

虽然小说的虚构性决定了它内容的不真实性，但这不影响它作为一种特殊的史料来阅读。“因为小说揭示了特定时期人们的态度、梦想、恐惧，以及平凡的、日常的生活经验。小说也显示出人们对当时一些主要事件的反应。像历史学家一样，小说家是特定时间与环境的产物，他们对事物有自己的见解。”[①]从这个角度来看，我们发现在许多文学作品中，小说以描绘典型环境中的典型人物而闻名。例如，在学生群体中很受欢迎的陈忠实先生的《白鹿原》，从《白鹿原》这部小说中我们可以看到清末民初至中华人民共和国成立初期将近半个多世纪中国社会的历史变迁。小说中的很多情节对于解读八年级下册中的历史知识起到一个很好的辅助作用。

例如，在讲授《新文化运动》一课时，我们经常提到为什么要提出“打倒孔家店”，除了袁世凯的尊孔复古的直接原因外，我们可以通过《白鹿原》小说中鹿兆鹏媳妇鹿冷氏和黑娃媳妇田小娥的命运来理解其必然性。鹿冷氏原是冷先生的大女儿，遵循父母之命媒妁之言嫁给了鹿兆鹏，结果不甘寂寞的鹿冷氏疯了，最终被自己的父亲毒害了。田小娥，郭举人的小老婆，在郭家受人白眼，跟黑娃回家后，得不到黑娃父亲鹿三的认同，不准其进家门，不准其进祠堂，田小娥最后还被公公鹿三杀死了。面对三纲五常的封建礼教，鹿冷氏屈服，田小娥反抗，她们的结局都是悲惨的，但恰恰是这个悲惨的结局反映了封建礼教对人性的扼杀。通过解读主人公的遭遇，学生能更好地理解农村封建思想的根深蒂固，从而进一步理解社会习俗变革的艰巨性。通过对小说片段的解读，学生对为什么要“打倒孔家店”的时代背景有了进一步的了解。

再如，通过鲁迅先生的小说《风波》和《头发的故事》能够更好地解读辛亥革命后民众思想的变化。

同样是在讲述剪辫子事件，不同的主人公对事件的态度确截然不同，在教学的过程中教师可以提问学生：主人公剪辫子的直接原因是什么？剪了辫子后

---

① 加里纳什. 美国人民：创建一个国家和社会：上卷［M］. 刘德斌，译. 北京：北京大学出版社，2008：540.

主人公遇到了哪些麻烦？这说明了什么？就辫子问题与中国近代化的关系，你有什么认识和看法？三个问题的难度其实是层层递进的，解决了这三个问题，学生基本上也就读懂了中国近代的思想转变。我们常跟学生说：中国人思想的转变是需要一个过程的，但学生无法理解为什么思想上的转变那么难，为什么欧洲近代化的转型可以从思想上开始，而中国却从经济上开始。

文学作品源于生活，但又高于生活，我们不能把文学作品当作直接的史料来看，但从历史学的角度恰当引用对历史教学不无裨益。何成刚博士在他所编著的《史料教学的理论与实践》里就提道："一件虚构的事能表达普遍的真理。"善用文学作品可以有效地提高历史课堂教学的有效性。

三、中学历史教学文学性渗透的几点思考

文学作品的适当运用可以使历史的课堂教学能够随着文学的翅膀自由翱翔，使那些看似无聊的历史遗迹和古板枯燥的文字变成灿烂的金子和散发荧光的宝石。在运用文学作品学习历史时要注意以下几点原则。

1. 坚守唯物史观

历史教师应本着科学、严谨的治史态度。面对美和真理，我们必须勇敢地选择真理，尊重历史，不随意编造、剪裁和篡改历史史料。在处理素材时，要求教师对庞杂的文学作品进行仔细的甄选，不论是诗词还是小说，它们在生动地反映历史画面、深刻地揭示历史本质的同时，毕竟是文学作品，难免存在艺术性、夸张性的成分，与历史事实是有差距的。选取的文学作品必须服务于课堂教学，这样才不至于喧宾夺主。

文学作品作为一种特殊的材料运用到课堂上，特别是历史课堂上，我们就不得不重视所用材料的科学性。梁启超在《清代学术概论》一书中讲到学风问题，明确讲"凡立一义，必凭证据。无证据而以臆度者，在所必摈"[①]。这些学术规范都是应该遵守的。

2. 提高人文素养

人文素养指的是"人文科学的研究能力、知识水平和人文科学体现出来的

① 戴浩.梁启超研究清代学术方法浅论［J］.咸宁学院学报，2004（4）：75-76.

以人为对象、以人为中心的精神——人的内在品质"①。历史学科是一门有生命的人文学科，《义务教育历史课程标准（2011年版）》要求："使学生继承人类的传统美德，初步形成正确的道德观、人生观和价值观，形成健全的人格，具有符合社会发展需要的公民意识和人文素养。"②可见，历史教师担负着把学生培养成人，而不是把学生培养成物或器的重任。教师担负着把学生培养成像人一样地活着、像人一样地活得美好的重担。如果教师缺失人文素养，没有理想和信念，没有道德价值观，其教育结果是非常可怕的。正像特级教师王栋生所说："缺乏人文精神的教育，虽然不像工农业生产的失误那样会立刻导致严重的后果，但会隐藏在一个漫长的时期，而当其滋蔓之时，真是天命难回。"

时至今日，我们很多教师在教学的过程中对那些形而上的理念和追求考虑较少，在很多教师的眼里，应试教育重点只需要关注教，而不是育。只有具备人文素养的教师，才能在教学的过程中树立以人为本、以学生为主体的教育理念。

3. 关注学生认知水平

奥苏伯尔指出："影响学习的唯一最重要的因素，就是学习者已经知道了什么，并据此进行教学。"授课是一种双向的活动，教学不是教师的独角戏。因此，在课堂教学前，教师要做好学情分析，根据学生的知识水平、能力程度、年龄特征等进行教学设计。文学作品只是一种辅助手段，如果选择的文学作品超出了学生的认知范围和理解能力，反而会阻碍教学的正常进行。例如，在讲授"贾思勰和《齐民要术》"这一问题时，我们一般提问学生：为什么贾思勰能够完成《齐民要术》？这样的问题在教学中起到的作用不大。我们可以引用陆游的《冬夜读书示子聿》："古人学问无遗力，少壮功夫老始成。纸上得来终觉浅，绝知此事要躬行。"这首诗对学生来说并不陌生。教师也不需要对诗的内容进行过多的解释叙述。只需稍加点拨，学生就能够明白专心钻研、格物致知才能成就大学问。

① 李淑蓉.高校外语教学中人文素养培养的对策研究［D］.济南：山东师范大学，2011.

② 中华人民共和国教育部.义务教育历史课程标准［S］.北京：人民教育出版社，2015：24.

再如，我们讲美国的南北战争时可以联系《汤姆叔叔的小屋》；讲“第二次世界大战”的历史，可以联系《卓娅和舒拉的故事》《安妮日记》；讲三国的历史，我们可以联系《三国演义》；讲魏晋南北朝的士大夫风气，我们可以联系《世说新语》；讲宋朝的历史，可以联系《水浒传》《岳飞传》；讲明朝的灭亡，可以联系《李自成自传》《桃花扇》等。当然，在结合这些作品学习历史时，要充分考虑到学生的认知能力和水平，在使用前教师还需要知道学生对这些作品了解的程度，并据此进行教学设计，只有这样，才能引起学生的共鸣。

4. 注意文史知识的异质性

将文学知识与历史课堂教学有效地进行整合，有利于丰富历史课堂知识，营造良好的学习氛围。但是在整合的过程中必须分清楚语文学科和历史学科各自的侧重点、价值取向及学科的独立性。处理文学与历史关系的关键是解决中学历史教学中，“文学”是否渗透到课堂结构和教育功能中。语文学科重在培养学生的文学素养，历史学科重在培养学生用历史思维认识问题、分析问题的能力。同一资源从不同的视角分析，会得到不同的答案，产生不同的效果。

综上所述，文学渗透到历史课堂教学的最终目的是为了提升学生对生命的观照意识，提高历史学科的教学质量，增强教学过程的生动性，增加教学过程的厚度。因此，历史教师应有意识地关注和积累历史学科中与之有关的文学作品的素材，在授课的过程中主动地整合文史知识，创设历史情境，丰富学生的情感体验，以更好地实现历史学科应有的学科价值。在进行学科渗透的同时，教师也要注意渗透时机和选择的作品的适合度，注意对渗透材料的精简和提炼，并做到善于调动学生的思维来进行学科渗透。

四、附录

部编人教版教材中涉及的文学知识：

先秦时期	“神农因天之时，分地之利，制耒耜，教民农作。”——《白虎通》 “上古之世，人民少而禽兽众，人民不胜禽兽虫蛇。”——《韩非子》 “管仲相桓公，霸诸侯，一匡天下。”——《论语》 “长太息以掩涕兮，哀民生之多艰”——屈原《离骚》 梁启超《饮冰室合集》 胡曾《流沙》 《礼记·礼运》《史记·周本纪》《战国策》《华阳国志》《道德经》《诗经》《论语》《孟子》
秦汉时期	“阿房，阿房，亡始皇。”——童谣 “直如弦，死道边；曲如钩，反对封建主义侯”—— 童谣 李白《古风》《汉书·食货志》《史记·货殖列传》《后汉书》
三国、两晋、南北朝	“功盖三分国，名成八阵图。”——杜甫诗评诸葛亮 小说《三国演义》 《蒿里行》《步出夏门行》《钱神论》《晋书·食货志》《宋书》 谢灵运《山居赋》 王羲之《兰亭序》
隋唐时期	“桃叶复桃叶，渡江不用楫。但渡无所若，我自迎接汝。”——歌谣 《旧唐书李密传》 罗隐《炀帝陵》 王建《凉州行》 元稹《法曲》 黄巢《不第后赋菊》 杜甫《忆昔》《春望》《无家别》 李白诗《梦游天姥吟留别》《黄鹤楼送孟浩然之广陵》 白居易《赋得古原草送别》《霓裳羽衣舞》 “颜公变法出新意，细筋入骨如秋鹰。”——苏轼诗 藏族民谣 吐鲁番人民赞颂文成公主的诗歌 诗歌“行营到处即为家，一卓穹庐数乘车。千里山川无土著，四时畋猎是生涯。”

续表

两宋金元时期	“天碧银河欲下来，月华如水照楼台。”——诗句 “胡人有妇解汉音，汉女亦解调胡琴”——蒙汉人民关系融洽诗句 “家家腊月二十五，浙米如珠和豆煮”——范成大诗 曹翰《退将诗》 林升《题临安邸》 王安石《元旦》 文天祥《正气歌》《过零丁洋》 苏轼《念奴娇·赤壁怀古》 辛弃疾《破阵子》 《东京梦华录》《梦粱录》
明清时期	“遥知夷岛浮天际，未敢忘危负年华。”——戚继光赋诗明治 “封侯非我意，但愿海波平”——戚继光赋诗明治 “杀牛羊，备酒浆。开了城门迎闯王，闯王来时不纳粮。”——明末民谣 戚继光《止止堂集》 小说《醒世恒言》 《三国演义》《红楼梦》《水浒传》 汤显祖《牡丹亭》 《窦娥冤》《长生殿》《桃花扇》
中国近代史	《炮子谣》 “台湾今已归日本，颐和园又搭天棚。”——对联 《瓦德西拳乱笔记》《黄花岗烈士事略》 鲁迅《狂人日记》《阿Q正传》《药》《孔乙己》《风波》 陈独秀《敬告青年》 李大钊《孔子与宪法》《庶民的胜利》 胡适《文学改良刍议》 《吴玉章回忆录》 《七律·长征》《论反对日本帝国主义的策略》《张、杨时局宣言》 老舍《骆驼祥子》
中国现代史	人民英雄纪念碑碑文 闻一多《七子之歌·澳门》 老舍《茶馆》 艾青《盼望》 《宝葫芦的秘密》《青春之歌》《红岩》《哥德巴赫猜想》

续表

世界古代史	《俄狄浦斯王》《天方夜谭》《荷马史诗》 雨果《巴黎圣母院》 但丁《神曲》 莎士比亚《罗密欧与朱丽叶》《哈姆雷特》 伏尔泰《路易十四时代》 托尔斯泰《战争与和平》《复活》《安娜·卡列尼娜》 希特勒《我的奋斗》 德莱赛《美国的悲剧》 罗曼·罗兰《约翰·克利斯朵夫》 贝克特《等待戈多》 肖洛霍夫《静静的顿河》 奥斯特洛夫斯基《钢铁是怎样炼成的》

参考文献

[1] 何成刚，彭禹，沈为慧，等.智慧课堂：史料教学中的方法与策略［M］.北京：北京师范大学出版社，2010.

[2] 何成刚.历史课堂教学技能训练［M］.上海：华东师范大学出版社，2008.

[3] 赵克礼.历史教学论［M］.西安：陕西师范大学出版社，2005.

[4] 翦伯赞.大家小书：史料与史学［M］.北京：北京出版社，2005.

[5] 王学典.史学引论［M］.北京：北京大学出版社，2008.

[6] 王加丰.史学理论与中学历史教学［M］.合肥：安徽大学出版社，2011.

[7] 袁庆新.文学作品在历史教学中的运用［J］.自贡师范高等专科学校学报，2002（1）：45–46.

[8] 兰绍平.跨学科渗透教学：提高学生综合能力的有效途径［J］.现代中小学教育，2007（4）：19.

[9] 中华人民共和国教育部.义务教育历史课程标准［S］.北京：人民教育出版社，2015.

[10] 何成刚，沈成慧.历史小说：一种重要的历史教学资源［J］.教育科学研究，2008（6）：42.

[11] 加里纳什.美国人民：创建一个国家和社会（上卷）［M］.刘德斌，译.北京：北京大学出版社，2008.

[12] 戴浩.梁启超研究清代学术方法浅论 [J].咸宁学院学报，2004（4）：75-76.

[13] 李淑蓉.高校外语教学中人文素养培养的对策研究 [D].济南：山东师范大学，2011.

案例1　金与南宋的对峙

（部编版初中历史七年级下册第8课）

汕头经济特区林百欣中学　周玫燕

【教学目标】

1. 知识与技能

了解女真族的崛起，知道金政权的建立和其巩固统治的措施、金灭辽及北宋的史实、岳飞抗金的事迹和南宋的建立，掌握宋金对峙局面的形成。

2. 过程与方法

通过观察女真人像、金墓室壁画、女真文墨锭了解女真族的崛起；通过识读《金灭辽、北宋形势图》《金军南下形势图》了解金灭辽及其北宋的史实；通过宋词了解岳飞抗金的事迹及其南宋偏安的史实；通过识读《金与南宋对峙图》以及相关宋词，掌握宋金对峙局面的形成。

3. 情感、态度与价值观

认识我国各民族人民密切交往、相互依存，形成了中华民族多元一体的格局；体会国家统一、民族团结对国家和社会发展的重要性；体会大国的扬帆远航，离不开掌舵者；学习岳飞严明治军、精忠报国的精神和廉洁正直的品格。

【学情分析】

七年级学生已具备了初步收集信息和识图能力，能够通过网络、图书馆等多种途径收集相关的资料，进行加工整理讲述《靖康之变》，形成初步的价值判断。课堂上注重“教师主导、学生主体”教学理念，充分发挥以讲学稿为主自主学习的作用，结合地图和史料开展自主探究并利用信息技术创设情境，由学生提出问题并分析解决问题，认识岳飞抗金的重要作用；弄清民族战争性质和客观公正地评价岳飞抗金的难点。总之，本课以生生互动、生机互动与师生互动相结合等方法，进行课堂教学以达到培养学生的历史学科核心素养的目的。

【重难点分析】

1. 教学重点

金的崛起以及宋金的对峙。

2. 教学难点

如何客观看待岳飞抗金。

【教学过程】

（一）导入

诗词视频。

（二）新课讲授

1. 第一回：狮虎争斗，狼烟滚滚颂碑留

（1）第一环节：女真族概况

教师：女真族，是一个古老的民族，女真族源自3000多年前的肃慎，汉至晋时期称挹娄地名，南北朝时期称勿吉地名，隋至唐时期称黑水靺鞨，辽至金时期称“女真”，到清朝时改为“满州”，也就是今天的满族。尽管女真族的名字没有了，但他们的后代却在我们今天的民族中可以找到踪迹，他们是我们民族交融的见证。

教师：那么这个民族生活在哪里？

学生：黑龙江流域和长白山地区。

教师：仔细观察这些PPT图文，你能从中获取关于女真人的哪些信息？

教师：女真族这个民族有哪些生活特点呢？（PPT图片展示女真人像，组织学生讲述女真族生活状况。）

学生：女真人头戴兽皮帽，身穿窄袖长袍，束腰带，穿长靴。

学生：女真人生活的环境比较寒冷。

学生：“俗勇悍，喜战斗”，说明女真人骁勇善战。

学生：女真人腰部挂着箭，肩上有弓，说明他们善于骑射。

学生：夏则出随水草以居，冬则入处其中，证明他们过着游牧、渔猎的生活。

教师：女真族分为很多部落，其中完颜部在11世纪的中后期统一了女真族各部，但是统一之后的女真族也是受辽的统治。当时女真人是非常强悍的民族，根据《大金国志》记载，说女真人“俗勇悍，喜战斗，耐饥渴苦辛，骑马上下崖壁如飞，济江河不用舟楫，浮马而渡”。他们喜欢打仗，耐饥渴辛苦。

（2）第二环节：女真族统一，建立政权——金

（过渡：11世纪末，女真族各部完成统一，但此时女真族发现他们还在谁的控制之下？）

学生：辽。

教师：提供史料，11世纪末，完颜阿骨打使女真族各部完成统一，但女真族还在辽的控制之下，辽和女真人进行贸易，辽贵族低价强购，迫使女真人在天寒地冻时凿开黑龙江冰上的冰层，下水捞蚌取珍珠……并且随意殴打侮辱女真人。分析辽对女真族的态度。

学生：提取关键词，低价索取、殴打女真人。

教师：女真族，这么强悍的一个民族，甘于受辽的压迫吗？

学生：不甘心。

教师：不甘心得怎么做？

学生：反抗。

教师：对，所以女真族起来反抗了。1114年9月，完颜阿骨打正式起兵反辽，依靠几千名受到严格训练的士卒，女真人屡战屡胜，所向披靡，大败辽兵。1115年春天，完颜阿骨打在会宁（今哈尔滨市阿城区）正式称帝，建国号为大金，年号收国，完颜阿骨打就是金太祖。

教师：金史上有一段记载，为什么以金为国号，“辽以宾铁为号，取其坚也。宾铁虽坚，终亦变坏，惟金不变不坏。”所以以大金名之。在金、银、铜、铁、锡五种金属中，金属于首位，金能克铁，而辽的国号是铁，铁虽然坚固，但容易什么？生锈，所以女真族定名为金，有灭掉辽朝，建立金国的想法。

教师：在吉林松原有块大金得胜陀颂碑，碑上用女真文和汉文记载了完颜阿骨打誓师反辽的史实。

（3）第三环节：巩固政权的措施

教师：为了巩固新生的政权，金太祖又是如何做的？请大家结合老师给的图片(图1)以及课前预习，来说说。你可以自由选择一幅图来说。

图1

学生：山西汾阳出土的金朝壁画图，人物的装扮可以反映出人物有明显的汉化特征，还有金朝统治者对儒学的提倡，这证明了他们学习汉族文化。

教师：对，为了适应对先进农耕地区的管理，女真人学习先进的中原文化，进行改革，从而巩固自己的统治。

学生：女真文墨锭，说明女真人开始有了文字。

教师：女真人本无文字，与邻族交往，都借用契丹字。金朝建立后，女真人依据由汉字改制的契丹字，拼写女真语言，制成女真字。

学生：金墓室壁画《放牧图》证明他们学习农业，发展生产。

教师：让我们来总结一下，为了巩固金朝的统治，统治者颁布了哪些措施。

学生：①模仿中原王朝制度，改革军政体制；②颁布女真族文字；③发展生产。

（过渡：上节课我们知道了，在北宋与辽签订澶渊之盟后，双方统治者沉湎于一种和平的假象，腐败无能，而女真族趁此机会不断增强自身的实力，这三个政权又会出现怎样的变故呢。欲知后事，且听第二回金灭辽宋。）

2. 第二回：万里征战，横扫千军如席卷

(1) 第一环节：西灭辽国

教师：金怎么灭辽的，请同学们结合地图册分析金灭辽的过程。

学生：小组活动，根据微课提炼口述历史事件的要点，要求学生口述金灭辽及北宋的概况。

教师：步骤，首先小组之间概述，然后推举一位语言简练、逻辑清晰的同学代表发言。

学生：根据图片及其相关知识点分析过程。

教师：补充海上之盟相关知识点。

教师：从916年太祖耶律阿保机建国，到1125年辽朝灭国共210年，传了9代皇帝，辽正式退出历史的舞台。而北宋与金军在灭辽过程中分别表现如何？有没有哪位同学用两个词或句子高度总结一下。

学生：北宋出兵伐辽，被辽军打得大败。

学生：金军势如破竹，相继攻占辽的都城和许多地区。

教师：如果你是北宋统治者，当你看到此战中女真人的表现，你会怎么做？

学生：联合西夏，加强统治。

教师：如果你是女真人，你会怎么做？

学生：灭宋。

（2）第二环节：南下灭宋

教师：但是南宋的统治者并没有一点的危机意识。我们来看宋徽宗笔下的《小重山·罗绮生香娇上春》：“金莲开陆海，艳都城。……万井贺升平。……高宴在蓬瀛。”花海满城，歌舞升平，宴会高歌，宛如仙境。前方战事十万火急，这里歌舞升平。此外，他还沉迷于书画，独创瘦金体。身为一个政权的统治者可以有兴趣爱好，但兴趣爱好不能凌驾于国家职责之上，用一句话评价宋徽宗，那便是“诸事皆能，独不能为君耳”（图2）。

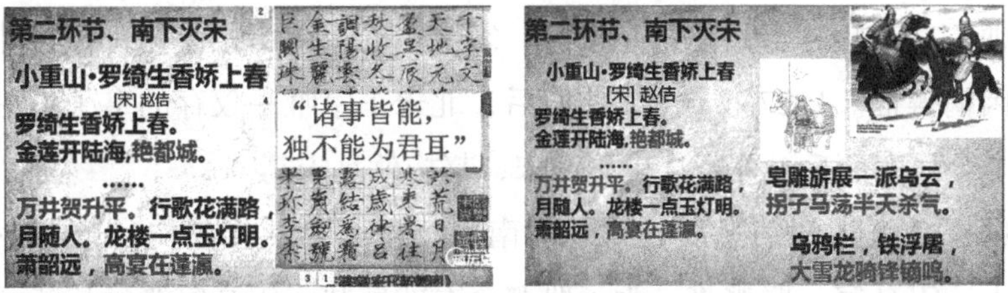

图2

教师：而金军呢，铁浮屠的意思就好比铁做的浮屠塔，士兵身穿一两层铁甲，就像移动的铁塔一样可怕。拐子马是金军的骑兵，人马全身皆披挂重甲。

教师：这是一种多鲜明的对比，一边是沉迷娱乐的君主，一边是精于改革，自创金国铁骑战术的君主。历史有时候就是这么现实，战争还没开始就可以预判战争的结局。

教师：出示《金灭辽、北宋形势图》，引导学生分析战争过程。

教师：补充观看视频，“靖康之变”，看视频的时候顺带思考，面对金国的铁骑，北宋毫无招架之力，为何北宋会如此之快走上亡国之路呢？

学生：造成北宋军队战斗力长期低下的原因：在宋太祖赵匡胤建立宋朝之初，为了使宋不再成为继五代十国后的又一个短命的王朝，他制定了一系列的政策方针。在军事方面，太祖以“杯酒释兵权”解除了大将对军队的控制，为防止武将对中央集权造成威胁，从而实行重文轻武政策，这套政策有利于政权稳固和社会安定，但同时造成军队战斗力减弱。

教师：除此之外，你还能找出北宋灭亡的其他原因吗？

学生：936年后晋石敬瑭将幽云十六州给辽，从此北方门户洞开。北宋因此失去抵抗游牧民族高机动骑兵入侵的天然屏障。

教师：这里我们再一次看到统治者执政能力对国家的责任感，影响的不仅是一个人，在他身上系着的是全天下老百姓的命运。

（过渡：上回说到徽、钦二帝被掠到金国，宋朝江山一时无主，幸好徽宗第九子康王赵构趁乱逃了出来，逃难路上登基做了皇帝，这就是宋高宗。后来辗转到临安将其定为都城，历史上称为南宋。南宋与金的政权关系又是如何的呢？且听第三回岳飞抗金。）

3. 第三回：建炎南渡，赵宋江山苟临安

（1）第一环节：南宋建立，偏安一隅

教师：1127年，金兵攻占东京时，宋钦宗的弟弟康王赵构正好在外地组织义军，因祸得福。1127年，金兵北归后，北宋王室唯一仅存的皇子康王赵构在应天府（今河南商丘）称帝，史称南宋，赵构就是宋高宗。

教师：金人得知消息后，再一次南下，扬言要活捉赵构。金军一路气势汹汹南下，宋高宗一路逃难。为了躲避金军的威胁，宋高宗渡过长江，以临安（今浙江杭州）为都城。

教师：最终，金人有没有捉到赵构？

学生：没有。

教师：对，我们可以看到橙色这条线最终延伸到哪？

学生：温州。

教师：北宋无心战争，统治集团腐朽，最终导致北宋灭亡，那么南宋统治者呢？在逃到南方后有没有重整旗鼓，收复山河？

学生：没有。

教师：你们是如何得出此结论的？我们需要证据意识，老师给你们看看以下诗句。大家分析一下，对于收复失地，不同人群是什么样的态度？

材料1：留在北方的百姓

南望朱雀门，北望宣德楼，皆旧御路也。州桥南北是天街，父老年年等驾回。忍泪失声询使者，“几时真有六军来？”——范成大《州桥》

材料2：南渡人民

李清照（妇女）：生当作人杰，死亦为鬼雄。至今思项羽，不肯过江东。——《夏日绝句》

岳飞（青壮年）：靖康耻，犹未雪；臣子恨，何时灭？驾长车，踏破贺兰山缺。壮志饥餐胡虏肉，笑谈渴饮匈奴血。待从头，收拾旧山河，朝天阙。——《满江红》

陆游（老人）：僵卧孤村不自哀，尚思为国戍轮台。夜阑卧听风吹雨，铁马冰河入梦来。——《十一月十四日风雨大作》

材料3：统治者

山外青山楼外楼，西湖歌舞几时休？暖风熏得游人醉，直把杭州作汴州——林升《题临安邸》

教师：范成大的一首诗，忍泪失声询使者，“几时真有六军来？”沦陷区的百姓在金人的铁蹄下痛苦呻吟，他们的泪水已经流干了，他们多么想回到祖国的怀抱啊，盼啊盼，盼了几十年，忽然见到宋朝使者，一时间该有多少话要说、有多少泪要流啊！可他们强行忍住，因为屈辱的遭遇虽然难堪，故国的人们在问王师什么时候能够真的打回来？这种盼望的心情有多悲痛。

教师：跟随皇帝南渡逃到南方的百姓呢？

教师：难逃中有一个词人特别出名，她就是李清照。李清照在看到南宋统治者苟且于世，写下了《夏日绝句》，内容译文：人活着就要作人中的豪杰，为国家建功立业；死也要为国捐躯，成为鬼中的英雄。当年项羽突围到乌江，乌江亭长劝他急速渡江，回到江东，重整旗鼓。项羽自己觉得无脸见江东父老，便回身苦战，杀死敌兵数百，然后自刎。而南宋统治者为了逃命，前往江南，不顾百姓死活。

教师：青年岳飞写下了收拾旧山河，朝天阙。

教师：甚至濒临死亡的老者也想的是收复河山，《示儿》是陆游人生最后一首诗，连临死前他都想着如何去收复山河，待回归后，记得上坟时告诉我一声。

教师：留北百姓渴望统治者收复河上，南渡百姓希望早日回家。然而统治者呢？苟安南方，不思收复北方的失地。《题临安邸》中就描述了这样的场景："山外青山楼外楼，西湖歌舞几时休。暖风熏得游人醉，直把杭州作汴州"。南宋皇帝不以丢失国土为耻，退到临安偏安一隅，醉生梦死。统治者虽不思抵抗，一路逃跑，但是当时的将士们还是很善战的，如韩世忠、岳飞等，其中最典型的抗金名将就是岳飞。

（2）第二环节：岳飞抗金

教师：南宋初年，金军几次大举南下。南宋主战派将领英勇抵抗，岳飞领导的军队就成为抗金力量中重要一支。

创设情境：展示一组有关岳飞的图片（学生口述岳飞的故事——岳母刺字、郾城大捷）。

图片展示：出示岳飞"还我河山"手迹。

播放视频：岳飞抗金。

根据视频及教师提供的材料小组讨论：岳家军能打胜仗的原因？

教师：学生活动，动口动笔，记录小组讨论的结果。

学生：岳家军纪律严明，作战勇敢，战争的正义性。

教师：我们如何评价岳飞抗金？（根据微课"如何评价历史事件"的方法，评价岳飞抗金。）

教师：数百年来，民众们一直传颂岳飞抗金的事迹，这不仅是因为他的人格魅力，还有他精忠报国的精神深深地打动着一代又一代的国人。在抗金斗争中，他率领的岳家军军纪严明，作战勇敢，是当时抗金力量的中坚；岳飞和岳家军抗击金兵南下，为南方地区创造了相对安定的生产生活环境，让南方人民免受战火侵袭，保护了人民的生命财产，维护了南宋人民的利益。

教师：任何一个有希望的国家和民族都应该有一批令他们的子民引为自豪

的先贤为楷模，其中那些大智大勇、不畏强暴、为国家和民族的存亡不惜捐躯的英烈人物，无疑是这个国家和民族永远不倒的脊梁，是鼓舞子孙万代生生不息，奋发求进，振兴国家民族伟业的强大精神力量。中华民族能有岳飞这样的英雄人物是我们的幸运，一个国家需要有英雄，人民有信仰，国家有力量，民族才有希望。

教师：郾城大捷后，金军对岳家军闻风丧胆，面对大好的抗金形势，南宋的统治者却做出了怎样的决定呢？

学生：在岳飞抗金初见成效时，宋高宗和权臣秦桧害怕抗金的力量壮大威胁到他们的统治，以“莫须有”的罪名杀害了岳飞。

过渡：几百年来，在岳飞的事迹广为传颂的同时，更有仁人志士到杭州栖霞岭岳飞墓凭吊，他们不只是为了发思古之幽情，更多的是为了体味和感受英雄的浩然之气。人们将迫害岳飞致死的秦桧夫妇二人形象铸成跪像置于岳飞墓前，被永远钉在了历史的耻辱柱上。正所谓“青山有幸埋忠骨，白铁无辜铸佞臣。”岳飞班师回朝后，投降派占了上风，宋金达成和议。

（3）第三环节：绍兴合议

教师：了解不同时期的国家概况最好的方式是看地图。地图也会说话，它会告诉你们一个时代国家主权的变化，展示历史的真相。我们先在这幅图上找到此时三个并立的政权。找到了吗？

教师：找到后这里有一个不容易被大家注意到的细节，在地图的右下角有个小方框标注了南海的位置，而且也注明了名称：千里长沙、万里石塘。前不久老师给你们讲过南海仲裁案。2016年7月12日所谓的南海仲裁案做出仲裁，声称中国对南海没有历史所有权。地图就是最有力的证据，证明南海自古就是中国领土的一部分。

教师：找到了你们也圈一下吧。接着，让我们找出南宋与金的分界线，以什么为界？

学生：大散关，淮河。

教师：我们在地图上把这条分界线找到并描出来。这一条分界线的影响是什么？

学生：这一条分界线所带来的影响是，此后的40年间，双方再也没有发生过大的战事。确立了南宋与金的对峙局面。南宋偏安江南。

教师：第三点，岁贡银25万两、绢25万匹，史称“绍兴和议”。

教师：这一点所带来的影响是给南宋人民带来沉重负担。

教师：但同时，客观上获得较长时间的和平局面，有利于南北经济恢复发展和各族人民友好交往。

教师：自“绍兴和议”签订后，南宋与金在此后的交往中基本上无大的战事，维持了较长时间的和平。纵观辽、西夏、宋金这段历史，你认为战多还是和多？（结合数据分析）此时宋朝与少数民族关系的主流是什么？

学生：各民族之间有战有和，战是短暂的，和是民族关系的主流（图3）。

政权	战	和
北宋—辽	960—1005，40余年	100多年
北宋—夏	1038—1044，不到10年	近200年
北宋—金	1125—1127，2年左右	0年
南宋—金	1127—1141，大致14年	近100年
合计	大致70年	大致400年

思考：宋朝与少数民族关系的主流是什么？

各民族之间有战有和，战是短暂的，和是民族关系的主流。

图3

过渡：生逢乱世，民族之间爆发冲突是不可避免的，摩擦在不断升级，又被不断地被磨合掉。

总结：民族之事，必归于和；民族复兴大业需要英雄和民族精神，民族的扬帆远航，离不开一个强而有力的掌舵者。

分享：以诗词的形式来表达对岳飞的崇敬；学生分享作品。

【设计意图】

本课打破常规教学手法，尝试采用诗词来贯穿一节课的教学。我为本节课设立的三条主线是：

（1）大国的扬帆远航，离不开掌舵者。统治者的执政能力决定了一个国家的命运。

（2）生逢乱世，民族之间的摩擦是不可避免的，但是，民族融合才是我们的主流。

（3）民族复兴大业需要英雄和英雄精神，国家需要有英雄精神，人民有信仰，国家有力量，民族才能走向复兴。

围绕这三条主线，考虑到本节课要采用诗词来贯穿，所以我将本节课分为三大板块：

（1）狮虎争斗，狼烟滚滚颂碑留，主要讲女真族的崛起，金的建立。

（2）万里征战，横扫千军如席卷，主要讲金灭辽以及北宋。

（3）建炎南渡，赵宋江山苟临安，主要讲宋金议和，南宋偏安一隅。

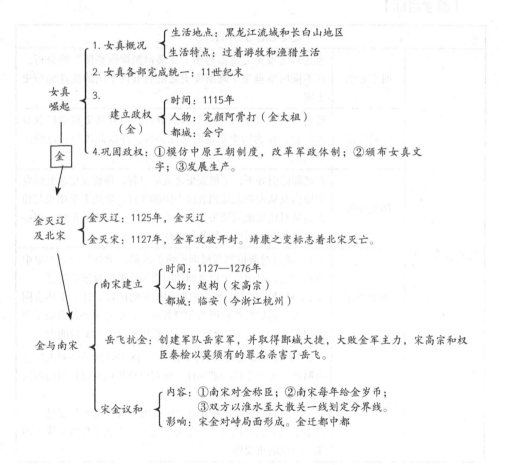

【板书设计】

- 女真崛起
  - 1. 女真概况
    - 生活地点：黑龙江流域和长白山地区
    - 生活特点：过着游牧和渔猎生活
  - 2. 女真各部完成统一：11世纪末
  - 3. 建立政权（金）
    - 时间：1115年
    - 人物：完颜阿骨打（金太祖）
    - 都城：会宁
  - 4.巩固政权：①模仿中原王朝制度，改革军政体制；②颁布女真文字；③发展生产。
- 金
- 金灭辽及北宋
  - 金灭辽：1125年，金灭辽
  - 金灭宋：1127年，金军攻破开封。靖康之变标志着北宋灭亡。
- 金与南宋
  - 南宋建立
    - 时间：1127—1276年
    - 人物：赵构（宋高宗）
    - 都城：临安（今浙江杭州）
  - 岳飞抗金：创建军队岳家军，并取得郾城大捷，大败金军主力，宋高宗和权臣秦桧以莫须有的罪名杀害了岳飞。
  - 宋金议和
    - 内容：①南宋对金称臣；②南宋每年给金岁币；③双方以淮水至大散关一线划定分界线。
    - 影响：宋金对峙局面形成。金迁都中都

案例2　安史之乱与唐朝衰亡

（部编版初中历史七年级下册第5课）

汕头经济特区林百欣中学　周玫燕

【教学目标】

安史之乱与唐朝衰亡		
核心素养要求	时空观念	通过对《安史之乱形势图》《藩镇割据形势图》的分析，在不同时空框架下理解安史之乱到五代十国的变迁的历史史实
	史料实证	通过诗词、文献等一手史料的分析，能够从史料中提取有效信息，作为历史叙述的可靠证据，并据此提出自己的历史认识
	历史理解	在老师的引导下，了解安史之乱的过程，理解安史之乱爆发的原因及从安史之乱到五代十国的变迁，实质上是中央与地方力量对比失衡的结果。对历史境况形成合理的想象，更好地感悟和理解历史上的各种事件
	历史解释	（1）通过对藩镇割据局面形成的理解，学会从历史表象中发现问题，对历史事物之间的因果关系做出合理的解释。 （2）通过对唐玄宗统治前期和后期的比较，让学生体会同是一人，前后的所作所为却判若两人，也直接导致大唐王朝不同的命运，进而培养学生对比辨析、以史为鉴的能力
	历史价值观	（1）通过安史之乱及唐朝的灭亡，认识政局动荡对人民生命财产、生产生活的破坏性，懂得中央集权对维护封建国家的大一统有积极作用。 （2）通过讲述唐末藩镇割据到五代十国的发展演变过程，让学生理解国家民族统一是历史发展的必然趋势以及维护国家大一统的重要性

【学情分析】

七年级学生正是活泼，好动，求知欲强的时候，但在归纳和理解力上还不足，既需要及时鼓励，也需要正确引导。就本课而言，理解安史之乱爆发的原因并不困难，难就难在理解安史之乱和藩镇割据形成的逻辑关系。因此我引用了大量的古诗词，创造情境激发学生的好奇心，引起他们研究问题的兴趣，并连续设问，从而使问题迎刃而解。

【重难点分析】

1. 教学重点

安史之乱。

依据：安史之乱是唐朝由盛转衰的转折点，它不仅给唐朝的社会经济发展带来了沉重的打击，而且使唐朝的中央集权逐渐削弱，成为唐后期藩镇割据、边疆危机、社会动乱的滥觞。教材从原因、经过、影响三个方面进行了比较系统的叙述。因此，将安史之乱作为本课教学的重点。

2. 教学难点

藩镇割据与唐至五代十国历史变迁的内在关系。

依据：首先，节度使与藩镇割据的概念学生就比较难理解。其次，藩镇割据是此段历史变迁的重要影响因子。安史之乱前后唐朝节度使的职权范围发生变化，势力不断膨胀，为后来的藩镇割据提供了条件。中央对叛乱降将的问题没有解决好，更加剧了藩镇势力，以至于后来五代十国局面就是藩镇割据的延续。节度使与藩镇割据是安史之乱至五代十国历史变迁的重要因素。因此将藩镇割据作为教学难点。

【教学过程】

（一）导入

诗词对比（图1）。

忆昔	无家别（节选）
（唐）杜甫 忆昔开元全盛日，小邑犹藏万家室。 稻米流脂粟米白，公私仓廪俱丰实。 ……	（唐）杜甫 寂寞天宝后，园庐但蒿藜（杂草）。 我里百馀家，世乱各东西。 …… 人行见空巷，日瘦气惨凄。 …… 四邻何所有，一二老寡妻

图1

思考：

（1）两首诗分别描述的是唐朝哪两个时期？有何变化（关键词）？

（2）为什么会出现这种变化呢（与哪个事件有关）？

（二）新课讲授

1. 安史之乱

（1）原因

教师：回顾上节课知识，总结玄宗皇帝统治前期的社会状况（关键词）。

学生：崇尚节俭、励精图治、任用贤能、整顿吏治。

教师：提供白居易的《长恨歌》（图2），结合《长恨歌》分析玄宗皇帝统治后期的状况。

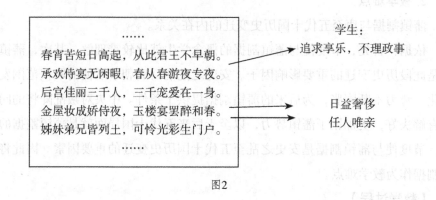

……
春宵苦短日高起，从此君王不早朝。
承欢侍宴无闲暇，春从春游夜专夜。
后宫佳丽三千人，三千宠爱在一身。
金屋妆成娇侍夜，玉楼宴罢醉和春。
姊妹弟兄皆列土，可怜光彩生门户。
……

学生：
追求享乐，不理政事
日益奢侈
任人唯亲

图2

教师：提供杜甫的《自京赴奉先县咏怀五百字》（图3），结合诗词分析玄宗皇帝统治后期的状况。

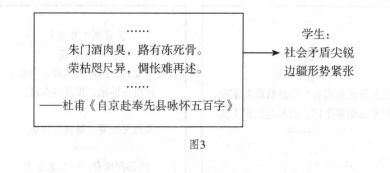

……
朱门酒肉臭，路有冻死骨。
荣枯咫尺异，惆怅难再述。
……
——杜甫《自京赴奉先县咏怀五百字》

学生：
社会矛盾尖锐
边疆形势紧张

图3

教师：

史料一：开元以后，在边疆地区普遍设立节度使，他们的权力越来越大，以至于“既有其土地，又有其人民，又有其兵甲，又有其财赋”。

史料二：天宝元年（742年），边军不断增加，达到四十九万人，占全国总兵数百分之八十五以上，其中又主要集中在东北和西北边境，仅安禄山所掌范阳等三镇即达十五万人。

史料三：《天宝十节度使分布图》。

教师：阅读史料，观察“安史之乱”前节度使的分布情况思考，材料反映了什么问题?

学生：节度使集军权、行政权和财政权于一身，势力膨胀。

学生：中央与地方的力量对比失去平衡，形成外重内轻的局面。

学生：安禄山担任三个边疆地区的节度使，逐渐扩张势力。

教师：分析盛事危机，得出结论。

结论1：开元末年唐玄宗追求享乐，任人唯亲，朝政日益腐败。

结论2：社会矛盾尖锐，边疆形势紧张。

结论3：节度使势力膨胀，外重内轻。

结论4：安禄山担任三个边疆地区的节度使，逐渐扩张势力。

（2）经过

教师：提供白居易的《长恨歌》，结合安史之乱行军图分析安史之乱的经过（图4）。

剑外忽传收蓟北，
初闻涕泪满衣裳。
却看妻子愁何在，
漫卷诗书喜欲狂。
白日放歌须纵酒，
青春作伴好还乡。
即从巴峡穿巫峡，
便下襄阳向洛阳。
——杜甫
《闻官军收河南河北》

渔阳鼙鼓动地来，
惊破霓裳羽衣曲。
九重城阙烟尘生，
千乘万骑西南行。
翠华摇摇行复止，
西出都门百余里。
六军不发无奈何，
宛转蛾眉马前死。
……
——白居易《长恨歌》

图4

（3）影响

教师：提供杜甫的《无家别》（图5）。

寂寞天宝后，园庐但蒿藜。
我里百馀家，世乱各东西。
存者无消息，死者为尘泥。
贱子因阵败，归来寻旧蹊。
人行见空巷，日瘦气惨凄。
但对狐与狸，竖毛怒我啼。
四邻何所有，一二老寡妻。
……
——杜甫《无家别》

图5

教师：

史料四：安史之乱前全国户数890多万，乱后仅剩190多万。北方黄河流域所受破坏最为严重，“人烟断绝，千里萧条”。结合诗词及其史料分析安史之乱所造成的影响。

史料五：“大盗既灭，而武夫战卒以功起行阵，列为侯王者，皆除节度使。由是方镇相望于内地，大者连州十余，小者由兼三四。”

学生：分析得出结论，一是安史之乱对社会经济造成了极大破坏，二是藩镇割据局面形成。安史之乱是唐朝由盛转衰的转折点。

教师：补充藩镇割据的特征。

教师过渡：藩镇割据局面阻碍了各地经济、文化的交流、削弱了中央的兵力和财力，不仅促使唐朝衰败，还加速了唐朝的灭亡。

2. 黄巢起义

教师：分析黄巢的《不第后赋菊》（图6左），在这首诗中，诗人运用比喻的手法，赋予菊花以农民起义军的英雄风貌与高洁品格，对胜利充满必胜的信念。根据诗词、教材相关知识、农民起义经过图，进行小组探究活动。

待到秋来九月八， 我花开后百花杀。 冲天香阵透长安， 满城尽带黄金甲。 ——黄巢《不第后赋菊》	…… 昔时繁盛皆埋没， 举目凄凉无故物。 内库烧为锦绣灰， 天街踏尽公卿骨！ …… ——韦庄《秦妇吟》

图6

教师：小组自主探究，阅读教材P24，小组总结黄巢起义爆发的原因、经过、影响。

学生：分析原因。

结论1：唐朝后期，统治腐朽、宦官专权、藩镇割据的态势日益严重，相互之间发生兼并战争，中央已无力控制藩镇。

结论2：人民赋役繁重，生活困苦，无以为生。

学生：分析黄巢起义的经过。

结论：875年，起义军在黄巢的率领下，转战南北，并攻入长安，建立了大齐政权。

882年，起义军大将朱温叛变。

883年，义军退出长安。

884年，黄巢兵败被杀。

学生：分析黄巢起义的影响。

结论：直接打击了唐朝朝廷的腐朽统治，给唐朝统治者以致命打击，加速了唐朝的灭亡。

教师过渡：黄巢起义并没有真正灭亡唐朝。那么，唐朝是怎样被灭亡的呢?

3. 唐朝灭亡

教师：

史料六：黄巢起义失败后，原来的藩镇割据问题和宦官专权问题依然存在。朝廷内部，宦官控制当时在位的皇帝昭宗，昭宗为对付宦官，求助于朱温。接着，朱温到长安杀宦官数百人，使宦官势力遭到毁灭性打击。清除宦官势力后，朝廷完全被朱温控制，907年，昭宗被迫让位给朱温。至此唐朝灭亡。

教师：唐朝灭亡的标志是什么呢？

学生：原为义军将领的朱温，后投降唐朝，陆续兼并了北方的大小割据势力。907年，朱温建立了后梁政权，唐朝灭亡。

4. 五代十国

教师：提供五代十国消亡图表以及五代十国开国君主图（图7）并分析其特点。

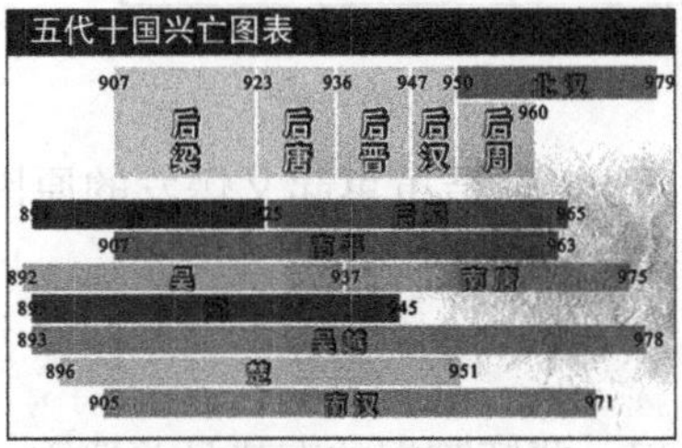

后梁	朱温	梁王、宣城节度使
后唐	李存勖	晋王、河东节度使
后晋	石敬瑭	河东节度使
后汉	刘知远	北平王、河东节度使
后周	郭威	天雄节度使

图7

教师：提供诗词分析影响（图8）。

"兵火烧文缺，江云触藓滋。 那堪望黎庶，匝地是疮痍。" ——齐己《读山见山碑》	不识城中路，熙熙乐有年。 木盘擎社酒，瓦鼓送神钱。 霜落牛归屋，禾收雀满田。 遥陂过秋水，闲阁钓鱼船。 ——李建勋《田家三首》

图8

合作学习：

（1）五代分别是哪五个朝代？集中在哪个区域？

（2）十国是指哪十个政权？它们的存在形式与五代有何不同？

（3）五代十国的开国君主有哪些共同特点？说明了什么问题？

（4）五代十国分裂时期南北方发展有何不同？

课堂小结：唐朝的繁荣盛世大约持续了一百多年，一场安史之乱展开了唐中央政府和地方割据势力之间的斗争序幕。从此，唐朝由盛转衰，逐渐形成藩镇割据的局面。藩镇割据不仅本身是唐帝国稳定的隐患，还诱发了其他社会动乱，最后使唐朝土崩瓦解，中国进入五代十国的分裂时期，但是分裂中已经蕴含着统一的因子。

【板书设计】

一、“安史之乱”

1. 原因

2. 过程

3. 影响

补充：

（1）安史之乱的性质是统治阶级内部政权夺利的斗争。

（2）安史之乱严重破坏了北方的社会经济，为逃避战乱，北方人口南迁，促进了江南开发和江南经济的发展。

二、黄巢起义

1. 背景

2. 结果

三、唐朝灭亡

补充：

藩镇割据的特点：自行委派官吏；不向中央缴纳赋税；军队不听中央调动；节度使职位传给子嗣或部将。

四、五代十国

1. 政权更迭

2.“五代十国”的实质

3.“五代十国”的影响

案例3　新文化运动

（部编版初中历史八年级上册第12课）

汕头经济特区林百欣中学　周玫燕

【教学目标】

新文化运动		
核心素养要求	时空观念	通过诗词、文献等一手史料的分析，增强学生的时代感，促进学生有意识地将自己的目标、理想融身于时代的潮流中，增强社会责任感
	史料实证	（1）通过对百度“1915年中国”的信息的整合、剖析，培养学生分析问题、解决问题和挖掘历史信息的能力。 （2）引导学生通过对材料的分析和解读得出结论，做到论从史出，以培养学生阅读、理解、分析材料的能力
	历史理解	在教师的引导下，了解新文化运动的过程，引导学生通过对材料的分析和解读得出结论，做到论从史出，以培养学生阅读、理解、分析材料的能力。对历史境况形成合理的想象，更好地感悟和理解历史上的各种事物
	历史解释	通过探究新文化运动的历史影响和对待中西方文化的看法。引导学生学会从历史表象中发现问题，对历史事物之间的因果关系做出合理的解释
	历史价值观	（1）新文化运动是先进的中国人为振兴中华而进行的继续探索，以此培养学生的科学精神、民主精神、人文素养与家国情怀。 （2）陈独秀、蔡元培等人不断进取、探索真理的精神是一种关心国家、民族前途命运的爱国行为，以此理解个人对民族、国家的责任担当。 （3）通过对新文化运动的反思，来启迪师生对传统文化的态度与情怀

【学情分析】

新文化运动：经过一年多的系统学习，八年级学生的抽象能力和对某些历史理论的理解能力都有较大程度的提高，但是他们对历史理论问题的理解能力还不足。受到历史知识储备和认知水平的限制，本课我将根据学生的理解能力和已有的知识，将文学作品有效地融入这节课，因势利导，不断启发，点拨和矫正。

【重难点分析】

1. 教学重点

新文化运动的基本内容及其意义。

2. 教学难点

新文化运动为什么把斗争锋芒指向孔教。

【教学过程】

（一）课前作业

阅读文学作品《阿Q正传》《药》《祝福》《孔乙己》，每个小组根据作品精髓录制小短剧。

（二）导入

出示图片：北大雕塑苏格拉底和塞万提斯。

教师：同学们，你们知道这两尊雕塑中的人物是谁吗？他们是古希腊哲学家苏格拉底和西班牙文学家塞万提斯，这两尊雕塑立在北大校园里，但是奇怪的是作为中国最高学府之一的北京大学却没有孔子的雕塑，几年前有个北大教授曾撰文呼吁北大立孔子雕塑，以弘扬传统文化。引起了很多人的讨论，为什么北大没有孔子雕像呢？你们知道原因吗？也许通过今天的学习大家能明白其中的缘由。

（三）新课讲授

1. 新文化运动的兴起

（1）含义

教师：标题解析，什么是新文化运动？新文化运动是资产阶级、小资产阶级激进民主主义者发动的文化革命运动。它是中国历史上一场很有影响的思想解放运动。它既是资产阶级领导的旧民主主义革命的补课，又是无产阶级领导的新民主主义革命的序曲。

（2）背景

教师：提供鲁迅的短篇小说《风波》中的文学片段。

“听到了风声了么？”赵七爷站在七斤的后面七斤嫂的对面说。

“皇帝坐了龙庭了。”七斤说。

七斤嫂看着七爷的脸，竭力陪笑道，“皇帝已经坐了龙庭，几时皇恩大赦呢？”

“皇恩大赦？——大赦是慢慢的总要大赦罢。”七爷说到这里，声色忽然严厉起来，“但是你家七斤的辫子呢，辫子？这倒是要紧的事。你们知道：长毛时候，留发不留头，留头不留发……”

七斤和他的女人没有读过书，不很懂得这古典的奥妙，但觉得有学问的七爷这么说，事情自然非常重大，无可挽回，便仿佛受了死刑宣告似的，耳朵里嗡的一声，再也说不出一句话。

教师：提供鲁迅的《头发的故事》中的文学片段：

我出去留学，便剪掉了辫子，这并没有别的奥妙，只为他太不便当罢了。不料有几位辫子盘在头顶上的同学们便很厌恶我；监督也大怒……过了几年，我的家景大不如前了，非谋点事做便要受饿，只得也回到中国来。我一到上海，便买定一条假辫子，那时是二元的市价，带着回家。我的母亲倒也不说什么，然而旁人一见面，便都首先研究这辫子，待到知道是假，就一声冷笑，将我拟为杀头的罪名；有一位本家，还预备去告官，但后来因为恐怕革命党的造反或者要成功，这才中止了。我想，假的不如真的直截爽快，我便索性废了假辫子，穿着西装在街上走。一路走去，一路便是笑骂的声音，有的还跟在后面骂：“这冒失鬼！”“假洋鬼子！”我于是不穿洋服了，改了大衫，他们骂得更利害。在这日暮途穷的时候，我的手里添出一支手杖来，拼命的打了几回，他们渐渐的不骂了。只是走到没有打过的生地方还是骂……

教师：同样是在讲述剪辫子事件，不同的主人公对事件的态度确实截然不同，思考几个问题：

① 主人公剪辫子的直接原因是什么？

② 剪了辫子后在主人公遇到了哪些麻烦？为什么会出现这样的状况？这说明了什么？

③ 面对这样的社会状况，民族资产阶级会寻求怎样的出路？

学生：以北洋军阀为首的反动势力妄图复辟帝制。

学生：辛亥革命后，民主共和思想深入人心，与袁世凯复辟帝制的行径势不两立。这说明中国人思想的转变是需要一个长期的过程。

学生：中国民族资本主义经济进一步发展，民族资产阶级强烈要求实行民主政治。

教师：总结新文化运动爆发的背景。

①政治：以北洋军阀为首的反动势力妄图复辟帝制。

（辛亥革命并没有改变中国半殖民地半封建的社会性质，没有使中国独立富强。）

②经济：中国民族资本主义经济进一步发展，民族资产阶级强烈要求实行民主政治。

③思想：辛亥革命后，民主共和思想深入人心，与袁世凯复辟帝制的行径势不两立。

（3）时间、标志、指导思想、代表人物

教师：引导学生阅读教材，归纳总结新文化运动兴起的时间、标志、代表人物、主要阵地。

（同时用多媒体以表格的形式进行总结，加深学生的印象）

学生：根据课前知识清单理清知识点，得出结论。

①新文化运动的时间是1915年；

②新文化运动的标志是《新青年》的创办；

③新文化运动的代表人物是陈独秀、胡适、李大钊、鲁迅等；

④新文化运动的主要阵地是北京大学和《新青年》。

教师：对话教学：进一步引导学生思考蔡元培的学术方针及其实质是什么？为什么《新青年》和北大成为新文化运动的主要阵地？

学生：学术方针“兼容并包、百家争鸣”。

学生：实质是让新文化占领封建文化的阵地。

学生：蔡元培的学术方针，新文化运动的干将汇集北大，《新青年》迁到北大。

2. 新文化运动的内容

（课前全班分成四个学习小组，每个学习小组在组长的带领下成立“医疗顾问团”，全体成员观看微视频，根据病历卡进行探究性学习，达成共识，得出结论。）

20世纪初中国社会病历卡				
	症状一	症状二	症状三	症状四
故事	阿Q正传改姓记 节选自文学作品《阿Q正传》	人血馒头 节选自文学作品《药》	祥林嫂捐门槛 节选自文学作品《祝福》	孔乙己教书 节选自文学作品《孔乙己》
症状				
药方				

学生：每个小组根据抽到的任务卡，在限定的时间内观看视频并完成任务，课上小组派代表交流观点和看法，其他小组可以补充自己的看法。

教师：总结20世纪初中国社会病历卡中所反映的问题，归纳新文化的时代主题。

（1）提倡民主和科学，反对专制和愚昧。（听取小组汇报，引导学生思考当时的中国为什么要提倡科学和民主？它们的提出有什么意义？愚昧迷信与封建专制有何内在联系）

（2）提倡新道德，反对旧道德。（听取小组汇报，引导学生思考为什么要反对旧道德提倡新道德？）

（3）提倡新文学、反对旧文学。（听取小组汇报，引导学生思考当时中国"文学革命"的主要代表及其作品有哪些？论证白话文与文言文的实用性）

教师：在学生归纳的基础上使学生明白新文化运动是在科学和民主的旗帜下进行的一场思想文化运动。它是沿着两条战线展开的，一条是思想战线，一条是文学战线。两条战线交织进行，所以新文化运动既是一场思想革命又是一场文学革命。

3. 新文化运动的影响

教师：提供材料，根据材料思考问题。

材料1：北京大学学生杨振声说，《新青年》"象春雷初动一般，……惊醒了整个时代的青年。他们首先发现自己是青年，又粗略地认识了自己的时代，再来看旧道德，旧文学，心中就生出了叛逆的种子。一些青年逐渐地以至于突然地打碎了身上的枷锁，歌唱着冲出了封建的堡垒"。（1919年1月杨振声与其他北大文科和法科学生一起创办《新潮》）

——《陈独秀传》

材料2：据当时的女学生回忆，由于《新青年》《新潮》等进步刊物的广泛传播，她们“从中吸取了不少反对旧文化旧道德的进步思想。此后不久，有的同学居然冲破了封建的束缚，解除了家庭包办婚约，实现了婚姻自主”。

——徐永志《清末民初婚姻变化初探》

材料3：新文化运动大力鼓吹男女平等、女子解放，促使教育部于1918年制定公布了《请推广女子教育案》，于是中高等学校招收女生逐渐蔚然成风。

——摘编自王学斌《新文化运动四大实绩》

材料4：据统计，从五四运动到中国共产党成立，《新青年》“先后发表了宣传马克思主义和进步思想的文章达130篇。……”美国有学者评论道：“聚集在《新青年》周围的知识分子的重要性是难以估计的。他们的著作铸成了一代年轻学生的信仰，1919年以后，这些学生是政治上的主力军，并成为现代中国青年的领导者”。

——《陈独秀传》

学生：给专制主义空前的打击，动摇了封建思想的统治地位。

学生：促进了青年知识分子的觉醒。

学生：促进了马克思主义的传播。

教师：总结新文化运动的进步性，民主和科学思想的弘扬，动摇了封建思想的统治地位，并且推动了中国自然科学的发展，使人们的思想尤其是青年的思想得到空前的解放。它也是一场全面的文化转型运动，对中国的政治、经济、思想、伦理、文学、艺术等方面产生了深刻的影响。它也有其局限性，新文化运动是由资产阶级激进民主主义者发动的。它有伟大的功劳，也有严重的缺点。首先，它存在对传统文化全盘否定和西方文化完全肯定的情况；其次，运动的倡导者忽视人民群众，没有把新文化运动同广大群众相结合，使文化运动局限在知识分子的圈子里；最后，他们还回避当时对军阀政府的实际斗争，也没有正面提出反对帝国主义的任务。

4. 新文化运动反思

教师：有人认为“新文化运动中提出的口号‘打倒孔家店’，是反对封建主义建的需要”。也有人认为“儒家思想是中国传统文化的主流思想，不能全否定，泼洗澡水不应该把孩子一起泼掉”。我们应该如何看待传统文化？

学生：讨论后回答（省略）。

在对历史的反思中，一直有人在思索中国传统文化的当代价值与意义！

教师总结：提供材料（视时间情况运用掌握）。

材料1：1988年，75位诺贝尔奖获得者认为，人类要在21世纪生存下去，必须回到2500年以前，去汲取孔子的智慧。

材料2：许纪霖先生前几天也说道："面对纷繁喧嚣的世界，传统文化有助于人们回归精神家园！"而我今天在鲁能巴蜀中学宣传栏里也发现了这样一张海报——"孝道，中国人的血脉"。

材料3：面对传统文化，习近平提出（齐读）："坚持'四个自信'，最根本的还有一个文化自信。"

【板书设计】

一、新文化运动兴起

1 背景

2. 时间

3. 代表人物

4. 主要阵地

新文化运动的内容（前期、后期）

新文化运动的影响（进步性、局限性）

附：文学小剧场

第一场：《阿Q改姓记》

（背景：阿Q从酒家回家的路上。人物：阿Q、某甲、赵太爷、地保）

阿Q上，打着酒嗝："呃，这黄酒还真带劲，才喝了两杯。"

某甲急上，从阿Q身后超过，撞了阿Q一下，阿Q一个踉跄："哎哟。"

某甲："阿Q，你没事挡着路干啥？"

阿Q："原来是马大哥呀，你这急着去哪儿呐？"

某甲："你没听见前面铜锣噎噎响吗，听说是赵太爷家的儿子中了秀才。"

阿Q："呃，原来是那个小子，从小我就知道这个小子将来会有出息。真给我们赵家长脸。"

某甲："阿Q，瞧你这样说，你也是赵家的吗？"（赵太爷和地保从另一端上）

阿Q："那是当然，我不但姓赵，如果按辈分细细地排起来，我还比秀才长三辈呢。"

某甲："真的呀？"

阿Q："那还有假！"

赵太爷（面色赤红，厉声说道）："阿Q，你给我过来！"

阿Q讪讪过去，马大哥见形势不对，偷偷离开下场。

赵太爷："你这浑小子！你说我是你的本家吗？"

阿Q不开口。

赵太爷愈生气，抢进几步说："你敢胡说！我怎么会有你这样的本家？你姓赵吗？"

阿Q害怕状，想往后退。

赵太爷跳过去，给了他一个嘴巴："你怎么会姓赵！——你哪里配姓赵！"

地保（拉住赵太爷）："赵太爷，您别生气，阿Q今天喝了一点酒，犯浑胡说的。"转身对阿Q："还不快走！"

阿Q转身欲走，赵老爷在背后高声说道："你给我听着，以后不许你姓赵！"

阿Q转身欲辩解，地保边推搡其下，边转身对赵太爷说："赵太爷，您放心，我会好好跟他说的。"转身责备阿Q："你好好的干吗非要说自己姓赵？"

阿Q："可是我真的姓赵呀！"

地保："不管你是真的姓赵还是假的姓赵，反正赵老爷不让你姓赵，你就不要再姓赵了。你也知道，赵老爷是我们宗族的族长，得罪他可没有好果子吃的！"

阿Q（欲哭无泪）："哪有这样的道理，不让我姓赵，那让我姓什么呀？"

地保（不耐烦转身边下边说）："谁管你，只要不姓赵就行！"

阿Q（转身对观众）："不让我姓赵，那让我姓什么呀？"（失魂落魄下）

旁白：阿Q终于没有再姓赵，至于他后来姓什么，就无人得知了。

第二场：《人血馒头》

（背景：老栓家的茶馆里。人物：老栓、驼背五少爷、康大叔）

店里坐着许多人，老栓也忙了，提着大铜壶，一趟一趟地给客人冲茶；两个眼眶，都围着黑线。

驼背五少爷："老栓，你生病吗？怎么眼圈这么黑？"

老栓："没有。五少爷。"

驼背五少爷："没有？我想笑嘻嘻的，原也不像……你儿子。"

康大叔上，嚷道："老栓，吃了么？好了么？就是运气了你！你运气，要不是我信息灵……"

老栓："真的呢，多亏得康大叔照顾。"

康大叔："包好，包好！刚砍头的人的血，新鲜着呢，这样的人血馒头，趁热吃下，什么痨病都包好！"

（里屋传来几声咳嗽声）

驼背五少爷："原来你家小栓碰到了这样的好运气了。这病自然一定全好；怪不得老栓整天地笑着呢。"驼背五少爷一面说，一面低声下气地问康大叔道："康大叔，听说今天结果的一个犯人，便是夏家的孩子，究竟是什么事？"

康大叔："什么事？还不是参加什么革命党！说要推翻大清朝，建立什么民主共和。"

驼背五少爷："啊呀，怎么能这样子，这不是大逆不道吗！"

康大叔："那还不是！这小东西也真不成东西！关在牢里，还要劝牢头造反。"

驼背五少爷："啊呀，那还了得。疯了，疯了！"

老栓上，(边倒茶边说)："康大叔，喝茶！喝茶！"

康大叔："要不是看你老实，我才不会只收你十个洋钱，我跟你说，包好，包好！"

（里屋又传来几声咳嗽声）

康大叔："好了，我有事得先走了，好了不要忘了请我吃饭！"

（里屋传来剧烈的咳嗽声）

老栓："一定，一定，康大叔走好，常来茶馆坐坐。"

（小栓的痨病到底没有好，几个月之后便死了，葬在郊外的一块乱坟地中。）

第三场：《祥林嫂捐门槛》

（背景：鲁老爷家的厨房。人物：祥林嫂、柳妈）

柳妈："祥林嫂，我问你，当时你怎么就再嫁了呢？"

祥林嫂："柳妈，你也知道的，不是我愿意的。是我那婆婆在我老公死了之后将我卖给山中的猎户的。"

柳妈："哎呀，你怎么就不反抗呢？"

祥林嫂："我反抗了呀，我乘他们不备，一头撞在香炉台上，当时就昏了过去，你看，我这伤疤就是那时留下的呢。"

柳妈诡秘地说："祥林嫂，你实在不合算。再一强，或者索性撞一个死，就好了。现在呢，你这样一女嫁二夫，倒落了一件大罪名。你想，你将来到阴司去，那两个死鬼的男人还要争，你给了谁好呢？阎罗大王只好把你锯开来，分给他们。"

柳妈："我想，你不如及早做打算。你到土地庙里去捐一条门槛，当作你的替身，给千人踏，万人跨，赎了这一世的罪名，免得死了去受苦。"（祥林嫂终于去捐了门槛，然而，别人并没有因此而不再歧视她。终于，她还是被鲁老爷赶走了。据说后来成了乞丐，再后来，在鲁镇新年的爆竹声中，死在了鲁镇镇外的雪地里）

第四场：《孔乙己教书》

（背景：鲁镇《成亨酒家》。人物：孔乙己、我（酒店伙计）、酒客）

孔乙己："给我温两碗酒，要一碟茴香豆。"排出九文大钱。

酒客高声嚷道："孔乙己，你一定又偷了人家的东西了！"

孔乙己睁大眼睛说，"你怎么这样凭空污人清白。"

酒客："什么清白？我前天亲眼见你偷了何家的书，被吊着打。"

孔乙己涨红了脸，额上的青筋条条绽出，争辩道，"窃书不能算偷，读书人的事，能算偷么？君子固穷，安贫乐道，窃书，求道之行也，岂尔等俗民可知者乎？"

众人哄笑：“哈哈哈哈。”

孔乙己转向我：“你读过书吗？”我略略点一点头。

孔乙己说：“读过书，我便考你一考。茴香豆的‘茴’字，怎样写的？”

我轻道：“哼，你也配考我吗？”回过脸去，不再理会。

孔乙己恳切地说道，“不能写罢？我教给你，记着！这些字应该记着。将来万一去考秀才，要用得上的。”

我道：“谁要你教，不是草头底下一个来回的回字吗？”

孔乙己点头说，“对呀对呀！回字有四样写法，你知道吗？”说完用指甲蘸了酒，想在柜上写字。

（孔乙己终究没有考上举人，后来，他的腿被人打折了，再后来，就再也没见到他。）

人物传记与历史教学

华南师范大学附属濠江实验学校 许乐筠

一、何为人物传记

人物传记，是文学上一种常见的文体，主要记载人物的生平经历，包括其政治、思想、哲学、事件以及其对社会做出的主要贡献，并通过其相应的书面或口述的回忆，结合作者实地调研等方式所取得的资源，最终编纂、记述而成。

从记载的称呼上，可将传记分作自传和他传。自传是指当事人根据亲身经历写成的资料，来自作者的回忆，由于它是距离要研究的时代较近的人所写的书籍，是研究当时历史的第一手资料，特点是证据直接，具有较强的科学性。但由于自传是作者自己记载本人的生活经历，难免带有主观意识，如爱新觉罗·溥仪写的《我的前半生》，胡适写的《四十自述》等。

而他传则是记载他人的生平，即为非当事人梳理的相关人物事迹。他传作者通过对史料进行比较间接的考证、解释、整理和分析，往往也能全面、客观评论人物的得失，虽属于第二手史料，但同样具有很强的证明力和参考价值，如查尔斯·尼科尔写的《达·芬奇传》、梁启超的《李鸿章传》等。

自传和他传既各有优缺点，又都具有一定的科学性，其描述总体符合历史的实际情况，但也具有文学的艺术性，以历史真实作为铺垫，再对人物的行为用生动而形象的词汇加以烘托。由于中学生的知识认知水平有限，传记资源又纷繁庞杂，也并不是任何的传记都适合在历史教学中运用。因此在课堂上，历史教师应从庞大的历史人物传记中，运用不同形式的传记，做到去粗取精，有的放矢地选择出能与课堂融合于一体的传记资料加以运用，促进学生建立起较客观的史学认知，从而迎合时代发展的新要求。

二、人物传记在历史教学中的具体应用

（一）人物传记运用于课堂导入，提升兴趣

良好的开始是成功的一半，帮助学生启动思维的“吸睛”的课堂导入，能使他们更好地投入课堂学习中。但历史事件由于其年代久远、史料多杂等特点导致学生在历史知识较为薄弱的情况下，很难提升学习兴趣。而人物传记的主体是学生较为感兴趣的“人”，通过传记中的仁人志士的生平事迹及其成长经历，彰显人物特有的人格魅力，对青少年的家国情怀、人格的形成以及人生定位起着非常重要的作用。

因此，我们可将人物传记运用于课堂导入中，如在学习《战国时期的社会变化》这节课前，引用司马迁《史记·商君列传》里的“令既具，未布，恐民之不信己，乃立三丈之木于国都市南门，募民有能徙置北门者予十金。民怪之，莫敢徙。复曰：‘能徙者予五十金’。有一人徙之，辄予五十金，以明不欺。卒下令。”然后教师根据该传记的节选，提出设问引导学生：“文中的‘令’是指什么？”在学生得出“令”即商鞅变法的具体改革法令的结论后，继续一步步提问：“在改革法令实施后为避免人民不信服，商鞅做出怎样的措施？”学生回答出搬动木头可得十金、五十金的赏赐来确立起威信，确保变法的顺利实行。最后让学生小结出该片段能想到的成语，即“立木为信”“重赏之下必有勇夫”等，让学生感悟到改革过程的艰难曲折、商鞅实施变法的决心和信守诺言的重要性，完成新课的导入。

利用人物传记及相关故事材料作为课堂导入，可以提高学生运用材料和证据的能力，最大程度上引起他们的兴趣，从而奠定历史教学开展的基础。

（二）人物传记运用于教学过程，加深理解

教学过程是教学活动方案实施的具体步骤，是使学生对历史的认识从表象深入历史事件之间内在联系和规律等的过程。教师精心选取人物传记并运用于历史课堂，在教学目标的指引下，在研究历史事件的发生的背景、过程内容和影响中，能够减轻历史讲述中晦涩难懂的弊端，从而更好地突破教学重难点。

1. 人物传记运用于分析历史事件的背景

每一个历史事件的演变，及其对应的现实环境，都有其前因后果。为辅助学生剖析出事件发生的背景或产生的原因，对人物的经历形成整体认知，教师

可通过叙述传记中人物出场前的背景节选片段。如讲解《罗斯福新政》这节课时，可引入《罗斯福传》中经济大危机的表现进行讲述："1929 年纽约证券市场出现了崩裂，绝望的人们疯狂地抛售股票……20年代支柱行业的逐渐退缩，许多知名企业逐渐消失……全国至少有1300万人失业，人们颠沛流离……牛羊被屠杀，1车小麦卖到城里仅够买一双4美元的鞋……"[1]教师通过激情的讲述后，再让学生从中总结经济大危机波及了哪些行业，使人民生活困苦。

接下来可再引用传记中的"反面"人物进行对比，如美国第3任总统胡佛，在 1928 年的竞选演说中夸口说，"如果他当选总统，将使美国人家家锅里有两只鸡，家家有两辆汽车"，并在面对经济大危机采取"政府职能一定不能扩大"[2]的措施，然而结局却是"1931 年秋，那些用破铁罐、纸板和粗麻袋搭起来的棚户叫'胡佛村'；用以充饥的长耳野兔叫'胡佛猪'……"[3]与罗斯福的竞选演讲中的"政府职能应当做出相应的调节"[4]进行对比，让学生从中分析两人异同点后，进一步设问"如果你是美国人民，两人一起竞选总统，你会投票给谁？"用采访的方式询问几个学生的意见，最后向学生公布结果，"胡佛所到之处，民众回以嘘声、抗议、木然的沉默"[5]，罗斯福以2282万张选民票对胡佛的1576万张取得最终选举胜利，成为新一任总统，并为后来讲解罗斯福新政的措施如金融业、工业、农业等方面的内容奠定其背景基础。

通过教师富有感情的讲解，并适当引入传记中的反面人物，能够促使学生主动思考，明辨是非，有利于学生整体史学素养的提升与历史知识的丰富，使学生逻辑完整地知晓历史人物、事件发生的前提条件和背景，促进学生时空观念的养成，培养正确的历史观。

2. 人物传记运用于理解历史事件的内容

教学过程中，历史事件所对应的内容或措施往往是教学的核心。为让学生更深刻理解该事件的具体内容，教师可根据人物传记里的相关内容进行情境

① 罗永宽. 罗斯福传［M］. 武汉：湖北辞书出版社，1996：101

② 罗永宽. 罗斯福传［M］. 武汉：湖北辞书出版社，1996：128.

③ 罗永宽. 罗斯福传［M］. 武汉：湖北辞书出版社，1996：131.

④ 罗永宽. 罗斯福传［M］. 武汉：湖北辞书出版社，1996：123.

⑤ 罗永宽. 罗斯福传［M］. 武汉：湖北辞书出版社，1996：121.

模拟，设定学生带入相关人物进行角色扮演，再现历史人物经历，达到在课堂中体验历史真实情感的效果。为了更真实地还原历史原貌，可以以人物传记作为基础，然后在课堂上师生商议出具体的角色分配，再辅以教师在台词上的修饰，创作出最终剧本，完成任务分配。

例如，在讲解辛亥革命之后社会习俗的变化时，可引用溥仪的个人自传《我的前半生》的片段，当末代皇帝溥仪接触新事物时遭到反对的情景。溥仪十五岁时想在养心殿安装电话，王公大臣纷纷进言："这是祖制向来没有的事，安上电话，什么人都可以跟皇上说话了，祖宗也没这样干过……"溥仪反驳道："宫里的自鸣钟、洋琴、电灯，祖制里没有过，不是祖宗也用了吗？"大臣们甚至叫溥仪父亲也来说服："这件事还是过两天再说吧……"溥仪想起他父亲的辫子比他剪得早，电话先安上了，汽车先买了，心里很不满意。"不行，我就是要安，今日必须安！""好，好……"溥仪父亲连忙点头。等电话装好后，溥仪找到胡适的电话号码，并打给他："你是胡博士吗？我是皇上。你有空到宫里来坐坐吧。"①胡适在通完电话后赶忙进宫，溥仪却不叫他磕头。

将以上情节设定好台词和相关动作后，让学生分别扮演溥仪、其父亲、王公大臣和胡适，到讲台进行表演，以直观的感受，营造出真实的历史氛围。表演结束后，再请学生分享自己对该人物及其相关事件的观点和认识，最终让学生得出辛亥革命后出现了剪发辫、废除跪拜礼等社会习俗变化的结论。利用人物传记，师生共同创设剧本，帮助学生掌握"史料实证"的方法，并让学生置身于历史事件当中，有助于以人带事、事中有人的唯物史观的形成。

3. 人物传记运用于探究历史事件的评价

在教学过程中，针对历史事件的评价或其历史影响，仅仅依靠教师课上讲述，很难培养学生全方位地自主思考、客观辩证地研究历史知识的能力。因此可以采用分小组讨论的方式，让学生在集体中合作探究，启动思维。例如，讲解《洋务运动》这一课的重难点，评价该运动时，可以引入李鸿章在甲午战争失败后的话："我办了一辈子的事，练兵也，海军也，都是纸糊的老虎……如

① 爱新觉罗·溥仪.我的前半生［M］.北京：群众出版社，1964：273-275.

一间破屋，明知为纸片糊裱，然究竟不定里面是何等材料。”[①]然后把学生分为几个小组，围绕这番话集中讨论概括李鸿章是如何评价洋务运动给中国带来的影响以及他的观点是否完整准确。

接着引用梁启超的《李鸿章传》中记载，李鸿章出访德国时，在与俾斯麦的会面中，向他提问：“朝廷意见，与已不合，群掣其肘，于此而欲行厥志，其道何由？”俾斯麦应之曰：“首在得君。得君既专，何事不可为？”李鸿章再问道：“居枢要侍近习者，常假威福，挟持大局。若处此者，当如之何？”听完李鸿章的问题之后，也对中国的朝政有一定了解，于是回答说：“苟为大臣，以至诚忧国。惟与妇人女子共事，则无如何矣！”[②]让学生再从俾斯麦的角度分组归纳其对洋务运动的评价。

再结合《李鸿章传》作者梁启超本人对此事的看法“盖彼以善战立功名……亲睹西军器械之利，取而用之……中国兵力平内乱有余，御外侮不足，故兢兢焉以此为重。其眼光不可谓不加寻常人一等，而其心力之猝于此者亦至矣”[③]。

最后各组同学通过不同人物看待洋务运动的不同观点进行相互印证，整理出自己的结论后，教师再鼓励学生发表自己的见解并加以引导，补充观点的不足之处。通过合作探究加深对历史事件的认知，更全面地辩证看待历史事件，也培养了学生团队合作能力。

总之，将人物传记融入教学过程去分析背景、理解内容和评价历史事件，在表现人物传记科学性和艺术性的特点时，突出学生的主体地位，对新课标要求的历史课堂的顺利开展上，都可以为教师提供良好的教学思路。

（三）人物传记运用于课后活动，巩固提升

课后活动作为课堂教学的必要补充，以往课后留给学生的作业设计通常都是习题、试卷、背诵等，模式化框架使得学生平添了对历史的抵触，疲于应付。但若将人物传记引入课后活动，布置“口述历史”等新形式作业，其自主

① 苑书义. 李鸿章传［M］. 北京：人民出版社，2004：414.

② 梁启超. 李鸿章传［M］. 南昌：江西人民出版社，2003：13.

③ 梁启超. 李鸿章传［M］. 南昌：江西人民出版社，2003：61.

性、灵活性和实践性，不仅有助于拉近师生关系，让学生乐于学习，对学生历史知识也有巩固与提升的作用。

例如，课后进行“口述历史”活动，是一种搜集、补充历史的途径，通过鼓励学生向之前切身经历过当时历史的知情者进行谈话，通过录音、录影等方式，提取关键史料之后，再与相关的历史文献进行比对，整理得出更接近历史的真实，形成信度较高的口述传记资料。如让学生采访家里的长辈或村里长者，针对受访者经历的中国农村经济体制的改革全过程设计问题。学生采访后，再分时期梳理中华人民共和国成立以来中国从农业生产合作社到家庭联产承包责任制再到废除农业税，不同的经济政策带来的影响。让学生在课后活动中运用人物传记，既扩充他们的学问，又有利于增如其实践技能，从而提升巩固学生历史知识。

三、人物传记运用于历史教学的意义

（一）有利于加强塑造学生的精神力量

通过人物传记在历史教学中的运用，将一个个饱满的较为全面的人物形象呈现于课堂中，有助于推动学生加强其对具体时间、地点、人物与历史事件之间联系，增强学生“证伪”水平和客观地分析历史问题的能力。最重要的是中学生面临着塑造自身人生观和价值观的关键时候，而学习著名历史人物所体现的内在精神内涵，如罗斯福、列宁等人物百折不挠的精神，孙中山、华盛顿等人维护民主共和的意志，马克思、毛泽东等人坚决斗争的信念，对于鼓舞学生斗志、增进学生信心等具有重要的价值。

学生在历史课堂中学习人物传记可以领略历史人物的爱国主义情感、为求民族振兴而不懈努力的斗志、求真求实敢于创新的精神等，能够发挥榜样人物的教化作用，最终加强塑造学生的精神力量。

（二）有利于教师专业素质水平的提升

教师是教学活动的“心脏”，其专业素质水平可以对学校教育质量以及学生的终身发展起到重要作用。历史教学所选的人物传记及相关史料，必须要经过教师的精心挑选才能将其运用于课堂，因此要求教师尽可能地丰富自身知识储备，增加史籍阅读量，扩展人物传记素材，才能全面向同学介绍人物传记有关的知识。历史教师在将人物传记运用于课堂时，其教案中教学流程中的内容与形式的选择都需要教师发挥个人教学机智，完善教学技能，才能逐步摆脱传统应试教育下历史教学方式的单调。

因此将人物传记运用于历史教学，可以帮助教师积累自身学问，树立运用人物传记的目标，从而全方位提升教师的专业素养水平。

四、结语

人物传记书写早已有之，其呈现出生活化、生命化的特色更是历史学习的一种非常有效的方式。将人物传记引入历史教学，突破教材的局限，既帮助学生感知历史、感悟人物，提高其分析问题的能力，又促进学生人文关怀的进一步形成。但应注意的是，教师在运用人物传记时，应尽量避免呆板的照本宣科，否则其教学注定沦为形式化。人物传记在教学的运用上需经过教师多方面的精心设计，挑选适当的典型例子，才能使学生真正了解人物，读懂历史，使人物传记背后所代表的文化、精神内涵被真正地吸收，从而带来良好的教学效果，促进教学双主体素质的全面提升。

参考文献

[1] 司马迁.史记[M].北京：时代文艺出版社，2001.
[2] 罗永宽.罗斯福传[M].武汉：湖北辞书出版社，1996.
[3] 爱新觉罗·溥仪.我的前半生[M].北京：群众出版社，1964.
[4] 苑书义.李鸿章传[M].北京：人民出版社，2004.
[5] 梁启超.李鸿章传[M].南昌：江西人民出版社，2003.

案例　法国大革命和拿破仑帝国

（部编版初中历史九年级上册第13课）

华南师范大学附属濠江实验学校　许乐筠

【教学目标】

1. 知识与技能

掌握法国大革命爆发的原因、进程及意义，知道《人权宣言》的内容和拿破仑帝国兴亡的基本情况，讲述拿破仑的主要活动，了解《拿破仑法典》（法国民法典）所体现的原则。

2. 过程与方法

指导学生研读《拿破仑传》以及课文内容，培养学生归纳和概括有效信息的能力；通过辩论赛评价拿破仑及其帝国，帮助学生学会用一分为二的辩证唯物主义的观点进行分析，从而得到历史人物较为完整的评价；引入英国资产阶级革命、美国独立战争与本课内容进行比较，引导学生学会综合分析历史的能力。

3. 情感、态度与价值观

从探究法国大革命爆发的场面入手，使学生认识到人民在革命进程中的重要作用，初步培养"人民群众是历史创造者"的唯物史观，而法国大革命在世界历史中占据重要地位，具有重大的历史意义，通过对拿破仑及其帝国败亡结局的学习，使学生明白战争的性质是决定战争胜负的关键。

【学情分析】

本课针对的是九年级的学生，通过对历史学科两年的学习，依然保有着一定的好奇心，通过前面的课程，学生已接触了英、美两国的资产阶级革命，初步培养了分析历史材料和辩证看待历史人物的能力，为本课的知识掌握打下了根基。但九年级的学生对历史知识的储备并不充分，准确把握历史事件的能力还比较弱，这就需要在授课中引导学生概括归纳历史事件，引入针对性的材料，如《拿破仑传》辅助学生进行深入的认识与理解。

【重难点分析】

1. 教学重点

《人权宣言》的颁布，法国大革命的历史意义，拿破仑的内外政策。

2. 教学难点

评价拿破仑及其帝国。

【教学过程】

结合教材结构清晰的特点，让学生更好地从整体上把握学习的脉络，并提高课堂趣味性和学生学习自主性，将课堂策划为“法国大革命展及拿破仑和他的帝国展”，把课文中三个板块的知识点结合进每个展厅。教师即为带领学生参观展厅的导游。

（一）第一展厅：法国大革命

进入第一展厅，展示《拿破仑传》关于法国大革命的爆发事件的节选作为导入，教师附以激情的讲述：

“伟大的信号已经发出，法兰西拿起了武器，甚至在年轻中尉的驻防城镇，民众也奋起暴动，直到有产阶级与军队互相联合。波拿巴及其炮队，在驻守街头的工事里向平民射击。”①

通过文字资料和相关图片让学生体会到巴黎人民对巴士底狱的冲击。然后抓住学生的兴趣点，提出两个设问，并将班级分成几组，引导他们进行讨论以达到巩固知识的作用。

第一个设问是“大革命爆发的原因？”。为使学生更清晰地了解事情的来龙去脉，补充展示两则《拿破仑传》相关内容。

材料1：“伏尔泰、孟德斯鸠以及卢梭作品的精神，这么快就传播到下层，深入外省的小资产阶级？这些先知者所鼓吹的运动真的已经开始了？革命真的快要爆发了？”②

材料2：“待他（拿破仑）升到上尉，恐怕他得退役半薪了……难道他所读

① 艾米尔·路德维希. 拿破仑传［M］. 梅沱，徐凯希，王建华，译. 广州：花城出版社，1998：13.

② 艾米尔·路德维希. 拿破仑传［M］. 梅沱，徐凯希，王建华，译. 广州：花城出版社，1998：7.

书中所揭示的自由的枷锁，清除不了贪财受贿和裙带风，可怜的小小科西嘉又如何能摆脱法国的专制统治？”[①]通过传记相关片段，结合课本P88内容，学生分组探讨得出各自结论，并派代表发言。

小组一：以伏尔泰、孟德斯鸠和卢梭为代表的启蒙运动为法国大革命做理论准备。

小组二：封建专制制度严重阻碍资本主义的发展，是法国资产阶级革命爆发的根本原因。在此基础上，让学生回顾英、美资产阶级革命的原因，比较得出英、法、美资产阶级革命爆发的共同原因。在纵横比较下，学生对基础知识的掌握便不易混淆。

第二个设问为：“巴黎人民为什么攻占巴士底狱？”，引导学生观察课本P89插图，并深入思考其背后深层次的含义，帮助学生认识到巴士底狱即封建专制统治的代表。

（设计意图：利用讨论探究的方法，营造课堂互动的积极气氛。通过图片和人物传记等多种资料，培养学生运用多种材料全面分析历史事件的能力，从而揭示表象背后更深层次的因果关系。第一展厅让学生亲身体验更加波澜壮阔的法国大革命，说明人民在革命进程中的重要作用，初步树立“人民群众是历史创造者”的唯物史观。）

（二）第二展厅：《人权宣言》和共和国的诞生

这一展厅则设计了“争分夺秒”和“我是小小朗读家”两个游戏活动，让学生掌握法国大革命期间颁布文献，建立资产阶级共和国等一系列革命发展的相关史实。

第一板块：“争分夺秒”。先让学生阅读课本 P90 关于《人权宣言》中的材料，然后让学生抢答出“提取《人权宣言》中核心内容及性质”，以小组的方式展开竞赛，最终引导学生得出《人权宣言》是资产阶级在与封建专制势力的抗击中出台的法律文献，其提出的“自由、平等，保护私有财产”的内容也产生了深远的影响。

---

① 艾米尔·路德维希.拿破仑传［M］.梅沱，徐凯希，王建华，译.广州：花城出版社，1998：11.

第二板块："我是小小朗读家"。要求学生阅读《拿破仑传》P22—34内容，并结合教材插图和辅栏，各小组派代表采用角色扮演，将自己代入拿破仑本人，按顺序找到并有感情地朗读出《人权宣言》颁布后法国大革命的进一步发展过程。

学生1："号角声起，企图逃亡的路易十六被截获，押回巴黎，运动在加剧……"①

学生2："一支队伍，在当权者的率领下前往教堂，并宣读巴黎的命令。我（拿破仑）写了笔锋严厉的告同胞书，为新组成的政治俱乐部（法兰西第一共和国）寻找支持者。"②

学生3："谁在掌权？每个人都在掌权，又无人掌权。人人自危，互相猜忌……国王已走在这血染的路，死在了断头台。"③

学生4："没有一件事顺心，我（拿破仑）是个被革职的中校，明天他可能得挨饿。雅各宾派是我最后的希望，我参加了罗伯斯庇尔那一派。现在对他来说，旧制度的完全崩溃是最最必需的。"④

学生5："罗伯斯庇尔已倒台，并送上断头台，到处在开展检举告发运动。每个人都在急于申辩；自己当年是被迫与独裁者来往的。"⑤

学生通过"我是小小朗读家"的活动，梳理出成立法兰西第一共和国、处死国王路易十六、雅各宾派当政、罗伯斯庇尔被处死的法国大革命进一步发展的历程。然后根据以上两个活动的参与情况角逐出获胜小组给予其一定奖励。

① 艾米尔·路德维希．拿破仑传［M］．梅沱，徐凯希，王建华，译．广州：花城出版社，1998：18.

② 艾米尔·路德维希．拿破仑传［M］．梅沱，徐凯希，王建华，译．广州：花城出版社，1998：15.

③ 艾米尔·路德维希．拿破仑传［M］．梅沱，徐凯希，王建华，译．广州：花城出版社，1998：22.

④ 艾米尔·路德维希．拿破仑传［M］．梅沱，徐凯希，王建华，译．广州：花城出版社，1998：23.

⑤ 艾米尔·路德维希．拿破仑传［M］．梅沱，徐凯希，王建华，译．广州：花城出版社，1998：28.

最后，教师设问："雅各宾派政权被颠覆，轰轰烈烈的法国大革命高潮结束，但封建势力却蠢蠢欲动，谁将带领法国走向新一轮的革命？"紧接着，我将引导学生来到下一个展厅。

（设计意图：通过两个跟知识点紧密相关的游戏环节，一方面调动学生主动学习的欲望，以合作交流的形式激发出思想的火花，另一方面也有助于学生理解法国革命在不断顺应历史发展的潮流，得出法国大革命与前面的英国资产阶级革命、美国独立战争的不同点，即具有革命彻底性。）

（三）第三展厅：拿破仑和拿破仑帝国

"拿破仑和拿破仑帝国"不仅是本课重难点，更是中考里必备的考点。因此放在本展厅中，我安排了学习拿破仑及其帝国的"三步曲"。

第一步，序曲——整理考点，掌握基础，深入了解拿破仑。教师讲述：人们常说时势造英雄，拿破仑身为一个普通的法国炮兵军官，在革命浪潮下成长为总司令，夺权成功后，又于1804年凭着卓越的军事才能建立了法兰西第一帝国，称帝后对内颁布资产阶级性质的法律《拿破仑法典》，对外则进行侵略扩张，用十几年工夫使法国在欧洲所向披靡，因此其各方面政策产生的积极和消极影响是本课要突破的难点。

第二步，主旋律——辩论会，唇枪舌剑，评价迄今为止争议最大的历史人物之一拿破仑。举办班级辩论会，教师提供相关传记资料，供学生参考。如拿破仑的自我评价："我们所作出的伟大壮丽的事业，这些真理、这些道义，饰上我们的桂冠，为各国人民所拥戴，为国际条约所认可，他们必将深入各国人心，历久不衰……它们将统治世界，将成为各国人民的信念和道德准则。我是新思想，新观念 的最伟大的代表！"①

另外，《拿破仑传》作者艾米尔·路德维希也记载了民众对他的不同评价："（远征俄国失败后）他离开这里，很快遇到了暴民。在乡间换马时，妇女们围着他的马车大声叫骂，向他抛石子，他们高喊'杀死谋杀犯！'马车以最快的速度冲了过去，旅行变成了逃窜，拿破仑有生以来第一次这样狼狈地行

① 艾米尔·路德维希. 拿破仑传［M］. 梅沱，徐凯希，王建华，译. 广州：花城出版社，1998：574.

军。”[①]

全班分为正反双方展开辩论，共同分析拿破仑的对内措施以及对外战争产生的影响，老师按照辩论情况做适当的增补，从而明确评价应以一分为二的观点进行，积极影响是打击了欧洲封建势力，传播了资产阶级自由平等的思想，局限性是对外战争后期具有非正义的侵略性，损害他国人民的利益，最终也导致拿破仑 帝国的灭亡。

第三步，总结——教师点拨，突破难点，掌握辩证分析方法。针对初中学生认知水平，教师进行总结升华，即学生评价历史人物和事件的基本方法：结合人物所处的历史环境，学会使用一分为二的辩证唯物主义的观点。

（设计意图：多元化、开放式的课堂氛围里，既有利于了解学生的知识掌握情况，又能培养学生自主探究的能力，并进一步培养学生创新精神和运用历史知识解决现实问题的能力。）

（四）课后活动

请学生在课后收集关于拿破仑的相关传记及各类图文资料，分组举办人物传记读书会，小组成员内部进行交流，共同探讨对该人物的看法，领会其在不同背景下做出的不同抉择，及时进行记录，并撰写一篇读书会报告进行宣讲。

① 艾米尔·路德维希. 拿破仑传［M］. 梅沱，徐凯希，王建华，译. 广州：花城出版社，1998：422.

第二章

地理与初中历史教学

历史跨地理领域辅助型教学模式探索

——以2011部编人教版初中中国历史教学教材为例

聿怀初级中学　李苑霖

一、历史跨地理领域辅助型教学模式的概念

（一）历史地理跨领域教学

跨学科的理论是1926年美国心理学家伍德沃思提出来的，他的观点是："跨学科研究是团队或个人的一种研究模式，它把来自两个以上学科或专业知识团体的信息、数据、技能、工具、观点、概念和理论综合起来，加深基本的认识，或解决那些不能用单一学科或研究领域来解决的问题，真正的跨学科不是把两种学科拼凑起来，而是思想和方法的结合。"以此概念为支撑理论，本文的历史地理跨领域教学概念主要指的是跨领域教学这一领域而非跨学科研究。初中阶段的历史地理跨领域教学是一种教学方式，这种方式要求在教学中把历史和地理两个领域的课程标准、教学内容、教学目标、教学方法、学科学法、学科素养交融起来，以加深学生对历史或地理知识的基本认识，或者培养学生形成时空素养，学会运用两个学科知识的方法，自如迁移知识以解决问题的综合能力。历史地理领域教学既不是单纯的历史地理学教学，也不是简单地将历史和地理两个领域合二为一、进行拼凑，而是需要找到两个领域的交叉点，通过跨领域的方式来完成同一个教学目标或教学任务。例如，在历史（地理）课堂教学中跨用地理（历史）领域的知识、方法以达成历史（地理）教学目标，或综合实践教学中通过用历史、地理领域的知识以完成综合实践的主题任务。

（二）历史跨地理领域辅助型教学模式

在历史地理跨领域教学概念上我们进一步细化提出历史跨地理领域辅助型教学模式。跨地理领域辅助型教学模式即课堂中立足于历史学科教学，利用或借鉴

地理学科的方法或知识作为辅助手段，让学生解决历史问题，达成历史的教学目标。采用这一种教学模式，要求教师在教学设计上要把握好以下几个原则：

第一，立足尊重历史学科教学目标原则。如果为了实现跨领域教学，教师简单地在课堂上将历史、地理两个领域拼凑起来，没有统一明确的教学目标，那么结果是学生将搞不清本节课为什么而学。因此，教学设计中教师应明确跨界采用到的地理领域知识是达成某个历史教学目标的辅助手段，在课堂中可以以结论、图片、影视、导学案等形式呈现辅助理解历史，给两个学科准确的定位。

第二，教学内容应具有交叉性原则。要求能够准确把握两个领域之间的交叉内容，既能找出历史、地理之间的共性内容，又要能梳理出相关内容之间的逻辑联系，重构研究教学内容、教学资源、教学流程，合理优化两个学科在教学过程中所占的比重。

第三，遵循学生学情原则。借助地理为历史教学的辅助手段，“辅助”的目的是要让学生觉得比起单一学科学习更好学、更易学。如果教师采用的地理领域知识已经超出了教学对象的认知水平，则实际增加了学生的学习负担，那就严重影响了跨领域教学的有效性。因此，跨界地理领域的教学要求历史教师了解学生对地理学科的认知水平和地理学科的教学内容、教学进度。通过遵循以上原则，设计好历史跨地理领域辅助型课堂教学，凸显了教师历史地理学专业知识的能力素养和协调跨领域知识之间联系的能力，引导学生学会迁移知识来解决新问题，提高思维的层次。

二、历史跨地理领域辅助型教学模式的可操作性

（一）历史、地理学科研究对象的共性

在历史通识课的教学过程中，当教师讲到“远古时期人类的起源”“华夏文明的诞生”“历史上人口的大迁移”等知识点时，就需要将地理地形、区域、气候等知识迁移过来进行讲解，让学生能够更加顺其自然地认识历史事件或者人类活动的背景。在地理通识课的教学过程中，当教师讲到“黄土高原地区”“洋流”“河流与地形”等教学内容时，补充点相关历史上人类活动的现象或事件，能让学生理解人类活动与自然紧密联系。历史从时间的维度研究人的活动，地理从空间的维度研究人与自然环境的联系，因此两个领域有着共同的衔接点——人的活动。研究对象的共性也决定着历史、地理两个学科在内容

上将存在很多可以跨界的交叉性领域，如历史气候变化、历史水系变迁与治理、历史地貌与植被变迁、历史政治地理、历史经济地理、历史文化地理、历史军事地理、历史人口地理等方面。

（二）历史、地理学科课程标准的共性

《义务教育历史课程标准（2011年版）》与《义务教育地理课程标准（2011年版）》都提出课程的性质应具有综合性。历史课程性质要“注重人类历史不同领域发展的关联性，注重历史与现实的联系，使学生逐步学会综合运用所学知识和方法对历史和社会进行全面的认识”。地理课程的性质要“揭示自然环境与人类活动之间的复杂关系，从不同角度反映地理环境的综合性”。

首先，教师采用历史与地理的跨领域教学方式正是历史与不同领域关联的体现之一；其次，地理是一门自然科学，其主要采用观察、实验、数学等科学的方法进行研究，收集第一手资料而后形成客观认识。其结论能为历史结论提供科学的现实依据，有利于引导学生形成史料实证的历史素养。最后，人类活动的过程即创造了历史，自然环境与人类活动之间的复杂关系即说明地理教学中也要渗透史地联系。因此，从两个学科课程性质的共性分析，新课改下打破学科之间的壁垒，让学生养成跨领域思维模式，培养学生综合认识现实问题的能力，学会学习，成为教师教学应探索的方向。

一个完整的历史现象是由六个要素组成的，包括时间、地点、人物、起因、经过、结果。梁启超在《中国地理沿革图·序》中说：“读史不明地理则空间概念不确定，譬如筑屋而拔其础也。”举个例子，如教师在讲授辽宋夏金元时期民族关系发展和社会变化时，辽、宋、夏、金、元等民族政权的建立是基础事件，民族关系发展和社会变化是教学的重难点，对于每一个民族政权的建立的先后顺序、发展，教师都会讲授，可是教学过程中如果没有出示历史地图，学生就无法从空间上感知每个政权的地理位置，便根本无法进行民族关系和社会变化的理解学习，就好像房子没地基。因此，根据《义务教育历史课程标准（2011年版）》提出的历史课程的知识与能力要求：“了解历史的时序，初步学会在具体的时空条件下对历史事物进行考察。”把握好空间要素是历史教学的基础之一。在培养时间思维方面，教师可以教会学生通过编制历史歌谣、整理大事年表、制作年代尺等方法；在培养空间思维方面，教师则需要教会学生充分利用历史地图、学会绘制地图（或抽象简图）、创设历史情境、空间差异对比等方法形成符合当时历史条件的一定的历史情境想象，这就需要学生掌握读图技能，而地图教学既是中学地理教学最重要的方法又是中学地理教学的基础内容，掌握阅读地图的方法是中学地理教学的基本技能。因此历史教学中，提升学生的时空素养，需要地理领域的知识相辅。

三、初中历史教材与初中地理教材可跨领域辅助交叉点分析

自2011年课改以来，从中学历史、地理教材中我们可以发现历史与地理相联系的内容有很多。例如，历史教材七年级上册第二课《原始农耕生活》在讲述半坡居民生活和河姆渡居民生活时都相比旧版本的教材多补充了一句地理环境因素的描述“远古时期的黄河流域，气候温暖，适宜人类活动”“七八千年前的长江流域，气候温暖湿润，雨水充沛”；历史教材九年级上册第一课《古代埃及》：“古埃及位于非洲东北角，世界上最长的河流尼罗河贯穿埃及南北。每年尼罗河定期泛滥，当洪水退去后，两岸留下肥沃的黑色淤泥，非常有利于农业生产。”补充了古埃及文明产生的地理环境背景；地理教材八年级下册课后活动或阅读卡片中就补充有“闯关东”“旗袍与旗装”“东北工业基地”等一系列与历史相关的知识。那么中学教材中如何运用地理知识辅助历史教学？根据我校实际教学用书情况，笔者以部编版初中七、八年级历史教科书和湘教版初中七、八年级地理教科书为例，系统梳理历史跨地理领域辅助型教学设计中，地理可以辅助历史教学的内容。

（一）自然地形地貌、气候地理对标历史文明发展的教学应用

历史教材内容	可跨地理领域知识点	对标地理教材内容	可对标辅助知识点
七年级上册 第1课《中国早期人类的代表——北京人》	《中国境内主要古人类遗址分布图》，当时北京人生存的地区有大片森林和水域，气候温暖湿润。	七年级上册 第三章《世界人口的分布》 八年级上册 第一章第三节《中国的人口图》 第二章第一节《中国的地形》 第二节《中国温度带划分图》	人口的分布状况与地理环境有着密切联系。世界上绝大多数人居住在中低纬度地区，而在气候温和，降水较多的平原和盆地地区，人口则更为集中。中低纬度地区的临海地带往往形成人口稠密地区。自然界为人类的生产生活提供了较为优越的发展环境，人类在此生息繁衍，并孕育出发达的社会文明。

续表

历史教材内容	可跨地理领域知识点	对标地理教材内容	可对标辅助知识点
第2课《原始农耕生活》	《我国原始农耕时代主要遗址分布图》，河姆渡居民：七八千年前的长江流域，气候温暖湿润，雨水充沛。 半坡居民：远古时期的黄河流域，气候温暖，适宜人类活动	第五章第一节《秦岭—淮河线南北两侧的地理差异对比表》《400毫米等降水量线》	《中国人口分布图》人口分布疏密线“黑河—腾冲线”，东南地区人口多，西北人口少。 秦岭—淮河线以南主要是亚热带和热带地区，活动积温4500℃~8000℃，作物一年两熟到三熟，主要作物有水稻；以北主要是暖温带，活动积温3400℃~4500℃，作物两年三熟或一年两熟，主要作物有小麦。 400毫米等降水量线把中国划分为东南和西北两大部分。 东南半壁受夏季风影响，雨热同期，以农耕为主。西北半壁降水少，或者水热资源配合不够协调，是中国重要的牧区
【对标辅助点分析】 地理环境是人类赖以生存和发展的物质、精神基础，它影响着文明的产生及其特征。历史七年级上册第1、2课的内容讲述的是我国境内原始人类的产生和我国农耕文明的产生，学生除了要知道我国境内有哪些主要的原始人类代表和农耕生活遗址之外，还需要知道其地理分布。教师可引导学生阅读第1、2课教材内容中关于地理环境的描述，观察《中国境内主要古人类遗址分布图》《我国原始农耕时代主要遗址分布图》，并且利用课件同时呈现《中国温度带划分图》《中国年降水量分布图》《中国的人口图》进行比较分析：从人口分布的角度来看，我国古人类的出现和古文明的产生分布与今天中国人口的分布具有一致性，可见地理环境决定了我境内古人类的诞生到农耕文明的产生。从地形上看，人类的活动主要集中在黄河、长江中下游平原地区；从气候的角度来分析，由于太平洋季风从东南边吹向东亚大陆，渐渐削弱，从而带来不同的降水量，又因为纬度的差异，南北气温也有差异，我国元谋人、北京人、半坡居民、河姆渡居民等遗址均主要集中在暖温带和亚热带区域，进入原始农耕时代后的主要遗址根据降水量不同400~800毫米等降水量线区域有旱作农业，如半坡居民为代表的农耕文明主要种植粟，800毫米等降水量线主要是灌溉农业，如河姆渡居民为代表的农耕文明主要种植水稻，最终形成秦岭—淮河线为界南方和北方发展出的农业生产技术差异，进而形成生活方式差异（如房屋建筑样式的差异），进而是风俗差异，甚至还有战争和统治方式的差异等			

（二）自然水系、水文地理对标历史水文治理与国运兴衰的教学应用

历史教材内容	可跨地理领域知识点	对标地理教材内容	可对标辅助知识点
七年级上册		八年级上册	
第3课《远古的传说》	大禹治水	第二章 第三节《中国的河流》《滔滔黄河》	我国外流河的水文特征受季风气候影响。夏季风带来的雨水成为河流主要水源。 黄河的概况：《黄河水系图》；从源头到河口为上游，水流湍急，蕴藏丰富水能资源；在宁夏内蒙古段泥沙沉积形成宁夏平原和河套平原；从河口到桃花峪为中游，穿行过土质疏松的黄土高原，流量增加，含沙量增加；从桃花峪到入海口的下游，泥沙淤积形成地上河； 中华人民共和国成立以来对黄河综合治理措施：控制水土流失、修筑堤坝、水利枢纽。 《中国东部主要河流流量年变化曲线——黄河花园口（图）》
第4课《早期国家的产生和发展》	盘庚迁殷；《商代重要城市分布图》		
第12课《汉武帝巩固大一统王朝》	汉武帝注重兴修水利，多次组织对黄河进行治理，堵塞黄河决口，止住水患		
七年级下册			
第19课《清朝前期社会经济的发展》	乾隆末年，在水利兴修方面，对黄河、淮河等大河以及大运河进行治理，还组织人力修建许多堤坝、渠堰、海塘		
八年级上册			
第20课《正面战场的抗战》	为了保卫武汉，军阀以水代兵，花园口大决堤，死伤无数		
七年级下册		第二章 第一节《中国的地形》、第三节《中国的河流》	《京杭运河图》和京杭运河今天的现状描述
第1课《隋朝的统一与灭亡》	开通大运河		

【对标辅助点分析】

七年级上册第3课《远古的传说》中讲到，华夏文明产生于黄河流域，在黄帝之后，黄河流域主要有陶唐氏、有虞氏、夏后氏等部落。这一时期，气候变化导致黄河泛滥。在当时生产力水平比较低时，黄河水灾是关乎先民们生死的首要事件，于是三个部落走向了联盟，共同抵御黄河水灾。“各部落为此赋予治水领袖以绝对集中的权力，这便造成了华夏各部落组织权力集中走向更大的组织系统——国家。因此，可以说大禹治水催生了中国最初的国家体制和国家版图”。关于四五千年前导致黄河泛滥的气候原因，教师可以适当补充更有利于学生理解。竺可桢在研究中国气候变迁的历史中分析到，3000—1000年前我国处于温暖期，亚热带北界从当代的淮河流域可推移到北京、天津一带，几乎控制了整个华北平原

续 表

大部分地区，当时黄河两岸长满青翠的竹子。这种暖湿气候期大致延续到公元前2000年的殷商时代。亚热带季风气候覆盖到黄河流域，冰川的融化和夏季风带来的降水量增加，增加了黄河的水源，导致黄河泛滥。 第4课《早期国家的产生和发展》中讲到“受战乱、环境变化等因素的影响，商朝多次迁都，到商王盘庚时迁到殷。”但具体原因教材中并未做详细介绍，学生们就商朝为何频繁迁都感到十分好奇。虽然目前由于时代久远史料有限，还不能确定影响商朝迁都的因素，但这里教师可以抓住学生的兴趣点，引导学生观察《商代重要城市分布图》和商周时期的《黄河水系图》，分析很可能有黄河水患的因素存在。 七年级上册第12课《汉武帝巩固大一统王朝》：“汉武帝注重兴修水利，多次组织对黄河进行治理，堵塞黄河决口，止住水患。”七年级下册第19课《清朝前期社会经济的发展》：“乾隆末年，在水利兴修方面，对黄河、淮河等大河以及大运河进行治理，还组织人力修建许多堤坝、渠堰、海塘。”教师在讲到这两个知识点时，可引导学生跨地理领域探究黄河水患的成因以及统治者重视治理水患的原因。从地貌和土壤因素角度思考，黄河中游穿行过土质疏松的黄土高原，含沙量增加，又有无定河、汾河、渭河等支流汇入，流量不断增加，从桃花峪到入海口的下游进入华北平原，干流水流缓慢，大量泥沙淤积，导致河床不断抬高，经常泛滥、改道、决堤；从人为因素思考，西汉为防御匈奴，汉武帝收复河套地区后，实行军事屯田，移民开发，人类的活动使中游的大量森林遭砍伐；清代时随着人口的增加，人地关系紧张，政府下令奖励开垦荒地，大量的务农人员为了生计流向边地和山区，其中山东、直隶、山西、河南等省的人口主要流向农耕条件良好的黄河中游北部地区，使黄河水土流失越来越严重。古代封建社会下的中国以农业为立国之本，汉、清的统治者重视治理黄河、发展农业，维系整个国家的经济命脉和国运的兴亡。 八年级上册第20课《正面战场的抗战》“保卫大武汉”中为了阻止日军侵占郑州，蒋介石下令扒开了郑州花园口黄河大堤，黄河再度改道，经贾鲁河、颍河、涡河而流入淮河，由淮河入海。洪水漫流，灾民遍野，这是抗日战争战略防御阶段中国牺牲最大的一次战役。对于为何保卫武汉需要以水代兵、决堤后造成的危害程度，学生单靠教材字面上理解会比较抽象，这时教师可以在多媒体上出示《黄河水系图》，在《黄河水系图》上标注出郑州、花园口、武汉、开封（当时日军所在）的地理位置，学生自然能一目了然地理解为何“花园口决堤”能保卫大武汉；接着教师在多媒体出示《中国东部主要河流流量年变化曲线——黄河花园口（图）》，学生能根据图片观察出6—11月是黄河在花园口流量最大的时间段，而对标历史教材花园口决堤时间恰好就是在6月份，因此危害之大可想而知。 七年级下册第1课《隋朝的统一与灭亡》第二个子目讲到开通大运河的作用是加强了南北地区政治、经济和文化交流。为了辅助学生更好地理解其南北方向的作用，教师可以在多媒体上出示《中国河流分布图》引导学生观察，西高东低的地势决定了我国河流大多都是东西走向，因此开通南北走向的运河在沟通了当时全国北方的政治中心长安、洛阳和鱼米之乡江淮一带，对于国家之影响就好比血管中枢之于人体的重要性，加强了中央对南方地区的控制。对于隋朝大运河的评价，教师可以利用地理教材中对“京杭大运河”现状的描述，“目前，山东济宁以北的运河因淤塞不能通航，江苏、浙江境内的运河仍然是重要的水上运输线。在南水北调工程中，京杭运河成为东线工程的主要输水通道。”作为材料，引导学生客观认识隋朝大运河的历史作用

（三）自然地形地貌、气候地理对标统一多民族国家形成的教学应用

历史教材内容	可跨地理领域知识点	对标地理教材内容	可对标辅助知识点
七年级上册		八年级上册	
第9课《秦统一中国》	秦修筑长城、秦的疆域	第一章第二节《中国的行政区划》 第二章第一节《中国的地形》 第五章第一节《400毫米等降水量线》 《秦岭—淮河线南北两侧的地理差异对比表》	《中国的行政区划图》 《中国主要山脉分布》 《中国地形图》 400毫米等降水量线 秦岭—淮河线（同上文）
第14课《沟通中外文明的“丝绸之路”》	张骞通西域、陆上丝绸之路		
第17课《西晋的短暂统一和北方各族的内迁》	我国古代历史上第一次大规模的人口迁徙高潮、北方游牧民族的内迁		
第18课《东晋南朝时期江南地区的开发》	江南地区的开发		
第19课《北魏的政治和北方民族大交融》	北方民族大交融		
七年级下册			
第7课《辽、西夏与北宋的并立》	辽与北宋的和战		
第9课《宋代经济的发展》	经济重心南移		
八年级下册		八年级上册：第一章第四节《中国的民族》 第二章第一节《中国的地形》	中国的民族分布特点是“大散居、小聚居，交错杂居”。 《中国民族分布图》 《中国地形图》
第12课《民族大团结》	民族区域自治制度		

【对标辅助点分析】

七年级上册第9课《秦统一中国》：“秦始皇派大将蒙恬北击匈奴，并修筑长城……秦朝的疆域，东至东海，西到陇西，北至长城一带，南达南海。”为何战国七雄最终是秦统一六国呢？以前授课时根据教材的内容，主要从人民希望结束战乱、商鞅变法使秦国实力超群、秦王嬴政卓越才能的历史角度分析，其实教师在用多媒体演示秦灭六国大统一的过程时，可以将之迁移到《中国地形图》上演示分析，直观地发现秦地处“关中”，南有秦岭横亘，西边山脉交错，北边是河套之地的黄土高原，东边又有吕梁山脉、太行山脉阻隔，

续表

地势较高，具有俯瞰中原之势，从地理上分析秦国是易守难攻之地。接着教师利用多媒体在《中国主要山脉分布》图上呈现当时秦大一统时的疆域，北线轮廓为燕山—长城—阴山山脉，西线轮廓为贺兰山—六盘水—横断山脉，引导学生认识到在农耕时代中原王朝的基本格局很大程度上受自然地形地貌条件的影响。可以消除七年级学生认为“秦统一”即今天中国疆域之大小的误解，关于为何秦始皇要修筑长城？教师可利用多媒体将《400毫米等降水量线》与《秦的疆域》两图叠加起来让学生观察，从地理上发现长城的位置与我国400毫米等降水量线基本吻合，而根据地理知识可知400毫米等降水量线为界东南半壁受夏季风影响，雨热同期，以农耕为主，西北半壁降水少，或者水热资源配合不够协调，是中国重要的牧区，从而得出结论修筑长城除了军事上保卫秦北疆领土外，从经济上还保护了中原的农业生产不受游牧民族的干扰，更有利于维护国家的大一统。（注：七年级下册第16课《明朝的科技、建筑与文学》中修筑“明长城”的目的和作用也可参照以上的方式做适当的跨领域教学设计；七年级下册第7课《辽、西夏与北宋的并立》中“辽与北宋的和战”争夺“燕云十六州”，教师可参照以上的方式结合地形图从地理角度分析燕云十六州在地理位置上对于北宋重要的军事和经济意义） 七年级上册第14课《沟通中外文明的“丝绸之路”》这一课涉及很多关于地理领域的知识。首先，教师应利用《中国地形图》在图上标注玉门关、阳关，用图示法直观指出“西域”的狭义概念指的是玉门关、阳关以西，在学生意识上构建起空间感。其次，如何在教学中突破重难点知识“路上丝绸之路”路线？以往常规教学中，教师常用的设计就是用多媒体动态演示历史教材的《丝绸之路路线图》。在历史跨地理领域辅助型教学模式下，教师可以将历史教材的《丝绸之路路线图》与《中国地形图》相结合，采用课堂活动探究的方式，让学生尝试依据中国地形地貌设计丝绸之路路线图，受当时交通条件限制，张骞从长安出发只能沿秦岭、六盘山、祁连山、天山山脉或阿尔金山脉、葱岭行走，这样既能辅助学生顺其自然地理解丝绸之路路线和张骞通西域的困难，又能提高学生在课堂上的参与度。 七年级上册第17课《西晋的短暂统一和北方各族的内迁》、第18课《东晋南朝时期江南地区的开发》、第19课《北魏的政治和北方民族大交融》这三课同属于历史上的魏晋南北朝时期，这一时期内我国出现了历史上第一次大规模的人口流动，北方游牧民族内迁中原地区，中原北方汉人南迁江南地区。七年级下册第7课《辽、西夏与北宋的并立》、第9课《宋代经济的发展》这两课同属于历史上的辽、宋、夏、金、元时期，这一时期内我国历史上又发生了一次大规模的人口流动，北方游牧民族再度南迁，中原北方汉人再度南迁江南地区，并改变了我国的经济格局，使经济重心迁移到江南地区。这两段历史时期的特征很相似，对于人口迁移的原因历史教材主要从政治角度分析总结为北方战乱，南方相对安定，从自然条件总结为南方自然条件优越。教师可以补充引导学生从地理角度分析，中国的气候在魏晋南北朝、辽宋夏金时期进入寒冷期，北方游牧民族的草原生长条件变差，得不到充足的食物，就会向南方的汉族政权发起进攻，以获得食物。而在南方由于气候变冷，粮食等物资也会大幅减产，最终导致综合国力有所下降，内忧外患导致其无法强有力抵御外敌。再利用《中国气候类型分布图》引导学生分析相对于中原地区的森林因长期砍伐遭到严重破坏和气候幅度变化大来说，南方自然条件优越是亚热带季风气候雨热同期适宜水稻生产。“农耕”与“游牧”从战国开始至清朝一直是主导我国历史发展的一对核心矛盾，

续 表

教师适当的补充可以辅助学生对我国历史上统一和分裂交替发展进程地理解。 八年级下册第12课《民族大团结》中讲述我国在少数民族地区实行民族区域自治制度。教师在解析“民族区域自治制度”的内涵时可联系“民族地理分布”的知识点来辅助学生对“民族区域”概念的理解。借助八年级地理教材中《中国民族分布图》图片材料，教师引导学生分析以“大散居、小聚居，交错杂居”“主要分布在我国广大中西部地区和边疆地区”的民族地理分布特点为基础，我们才能对少数民族地区进行分“区域”管理。另外，历史教材中讲述中华人民共和国成立前，由于历史和地理原因，我国各民族发展很不平衡，很多少数民族的生产力水平十分落后，并举了一些例子：云南的佤族仍保留原始时代的生活方式、四川凉山地区的彝族还处在奴隶社会阶段、藏族人民生活在农奴制的压迫之下。但根据八年级学生的惯性思维，他们会认为战国后期我国就渐渐过渡到封建社会了，好奇怎么还会存在原始时代的地区？由于历史教材中没有详尽解释，教师可以出示地理教材中的《中国地形图》，从地形地貌角度分析我国北部蒙古高原，西部帕米尔高原，西南部青藏高原，南部云贵高原耸立于四川盆地和广西盆地之间，长江水系的支流长期切割地面，中西部地区地形破碎，有很多高山深谷，地形地貌环境十分复杂，阻碍了一些民族与外界的交流，过着与世隔绝的生活

（四）自然地形地貌、气候地理对标历史经济发展的教学应用

历史教材内容	可跨地理领域知识点	对标地理教材内容	可对标辅助知识点
七年级下册		七年级下册 第一章第一节《亚洲和欧洲》 八年级下册 第二章第一节《中国的地形》	复杂多样的亚洲气候：世界各大洲中，亚洲东部和南部的季风最强盛。亚洲的冬季风和夏季风。 《亚洲及欧洲的国家和地区图》 《中国的地形》
第14课《明朝的统治》	经济的发展出现晋商、徽商		
第15课《明朝的对外关系》	郑和下西洋		
八年级下册		八年级上册 第三章《中国的自然资源》	《中国主要能源矿产分布》《中国主要金属矿产分布》
第4课《工业化的起步和人民代表大会制度的确立》	第一个五年计划期间工业交通建设主要成就分布示意图		
第9课《对外开放》	经济特区的建立	八年级下册 第七章 第一节《香港特别行政区的国际枢纽功能》 第三节《珠江三角洲区域的外向型经济》	香港是世界上重要的交通运输中心、国际经济贸易中心，金融中心；香港的产业发展状况 《珠江三角洲地形分布图》《珠江三角洲区域交通分布图》

续表

历史教材内容	可跨地理领域知识点	对标地理教材内容	可对标辅助知识点
第11课《为实现中国梦而努力奋斗》	新发展理念	八年级下册 第六章第三节《东北地区的产业分布》	农产品生产基地和重工业基地
第14课《明朝的统治》和第19课《清朝前期社会经济的发展》都讲到晋商、徽商出现到发展的历史，但内容比较简单。学生在学习的过程中常有疑问，我国是以农为本的国家，为什么会出现地域性的规模大的商帮呢？这时教师可借助《中国地形图》引导学生观察山西和徽州的地理位置，山西北临蒙古游牧地区，靠近北方农牧交易带，再加黄土高原长期开发导致水土流失严重，不适合农耕，所以人们只能选择放弃农耕转向商品经济；徽州地处丘陵，平原小，人口大增因而耕地满足不了人们的生活需要，再加上徽州靠近长江三角洲地区有河运条件，所以适合发展商品经济。 第15课《明朝的对外关系》讲到1405—1433年郑和先后七次下西洋，最远到达非洲东海岸和红海沿岸。历史教材中《郑和下西洋路线图》上标注的都是古代地名，而教材正文中描述郑和下西洋的路线用的是今天的地名“越南、印度尼西亚、泰国、柬埔寨、马来西亚、斯里兰卡、印度、伊朗、沙特阿拉伯、索马里、肯尼亚、坦桑尼亚等国家”，为了让学生能更好了解郑和下西洋的路线，教师可利用多媒体设备，将郑和下西洋的路线图在《亚洲及欧洲的国家和地区图》上动态演示，直观辅助学生感受到郑和下西洋到达亚非30多个国家和地区，活动范围很大。在当时的历史条件和技术条件之下，郑和为何能多次远洋航行，这是学生的兴趣点。“相关史事”中有提到“郑和的船队采用了世界上最先进的远洋航行技术，能够准确地测定航区、航线和船位，有效地利用季风、海流进行航行。”教师可引导学生阅读此段，并在多媒体上出示郑和宝船（帆船模型）、指南针、亚洲东南部冬季风图和夏季风图，借用地理知识证实郑和远洋技术的真实性。郑和船队每次出航时间选择在冬季，回程时间选择在夏季，是因为冬季风自东北向西南吹，洋流自东向西流动，船队顺风顺水，可加快航行速度，然而到了夏季则刚好相反。 第4课《工业化的起步和人民代表大会制度的确立》：第一个五年计划是我国工业化的起步，优先发展重工业的成就鞍山钢铁公司、第一机床厂、第一汽车制造厂、第一飞机制造厂都主要集中在东北，这里教师可引导学生思考我国工业化从东北开始建立工业基地的原因。利用地理教材的《中国主要能源矿产分布》《中国主要金属矿产分布》图可得出我国东北地区有丰富的煤铁资源，地理位置又接近苏联，交通便利方便获得援助。 第9课《对外开放》：1980年我国首先开放了4个经济特区：深圳、珠海、汕头、厦门，后来进一步开发珠江三角对外经济开放区，扩大对外开放。关于选择从我国“南大门”开始对外开放和深圳是对外开放“窗口”的原因，教师可以利用学生学过的地理教材内容作为材料来分析。首先多媒体出示《珠江三角洲地形分布图》《珠江三角洲区域交通分布图》，观察得出地理条件上深圳毗邻港澳，交通便利。其次，教师出示地理教材中关于香港产业转型的内容作为引导材料“20世纪六七十年代，制造业是香港经济的重要支柱。20世纪80年代，随着原有的劳动密集型加工制造业向珠三角地区大规模转移，香港的制造业地位下降。目前，现代服务业已经			

续表

历史教材内容	可跨地理领域知识点	对标地理教材内容	可对标辅助知识点
成为香港主要的支柱产业。”由此可得，20世纪80年代开放四个经济特区和珠江三角洲对外经济开放区有利于引进香港的资金、技术、管理等，辅助学生对经济特区作用的理解。第11课《为实现中国梦而努力奋斗》提到我国第十三个五年计划中提出要牢固树立创新、协调、绿色、开放、共享的新发展理念，针对的是我国发展中的突出矛盾，回答的是中国当前最为紧迫的现实问题，关系我国发展全局和未来前景。但是课本并没有提供相关史事或材料对“新发展理念”加以解释，因此教师可以利用地理教材“东北地区的产业分布”的知识作为史料，以辅助学生理解本节课内容中的专业术语。如“东北是我国的老工业基地，但20世纪90年代以来，东北地区传统工业在全国的优势地位下降，经济发展面临前所未有的困难。2003年，国家提出振兴东北老工业基地发展战略，加快产业结构调整，推进体制机制创新，尤其是运用高新技术改造传统产业，支持资源枯竭型城市转型提升。”运用这个例子可辅助学生理解新发展理念提出的原因是我国经济发展中存在着很多矛盾，如东北老工业基地的产业结构不合理、科技发展水平不高、资源有限等等，以此由小见大地引导学生理解新发展理念的内涵和意义			

四、历史跨地理领域辅助型教学的呈现方式

如果按照教师授课的形式分类，实施历史跨地理领域辅助型教学的课堂呈现方式可以分为两类：单师型教学、双师型教学。

（一）单师型教学

常言道：“教师要给学生一杯水，自己要有一桶水。”单师型历史跨地理领域辅助型教学，要求历史老师本身懂得地理专业的知识，多研读关于历史地理学的书籍，如顾颉刚《中国疆域沿革史》、谭其骧《中国历史地图集》、史念海《中国人口地理和历史地理》、葛剑雄《中国人口发展史》《普天之下：统一分裂与中国政治》等。其次，历史教师在迁移地理知识时要注意教学用语表述的准确性，才能避免打乱学生个体所构建起来的知识体系。例如，讲述南北地理气候条件对河姆渡居民、半坡居民的房屋样式影响时，容易忽略“高温、炎热、温和、严寒、寒冷”等词语描述气温程度有严格区别，错表述为“南方气候炎热多雨，北方气候寒冷干燥”，专业地理术语应表述为“河姆渡居民地理位置上处于亚热带季风气候区，夏季高温多雨，冬季温和少雨，所以干栏式建筑有利于通风透气，避免潮湿；半坡居民地理位置上处于温带大陆性气候区，干旱少雨，冬季严寒，夏季炎热，气温年变化大，所以半地穴式房屋有利于冬季防寒保暖，夏季通风散热”。

（二）双师型教学

常言又道："群众的智慧往往比任何单一个体的智慧都要强大。"双师型历史跨地理领域辅助型教学形式相比于单师型的形式一大优势就是专业性更强，另一大优势是从视觉上缓解学生审美疲劳，注意力更为集中，课堂更具有活力。双师教学的形势下，为了避免学生思维混乱，要注意以下几点：第一，教师协同备课，统一教学重难点、知识与能力、过程与方法、情感态度与价值观；第二，角色分工，根据教学内容、个人的风格和特点分工，主次鲜明；第三，协同研究教学策略实现双师自然衔接。例如，采用情境教学法，在地理教师协助设计一定的地理条件下设置历史情境；导学案教学法，将地理知识以用作解决历史问题背景材料的形式设计成导学案融入课堂。

五、小结

俗话说："他山之石，可以攻玉。"历史跨地理领域辅助型教学模式拿地理领域之"识"学习攻破历史领域之"知"，即应用了其中的道理。在历史课堂中跨用地理领域知识作为辅助教学的方式，加强历史与地理学科之间的联系，符合我国课程综合化的发展趋势，也符合这两门学科的研究特点。从学生的角度而言，史地的跨领域结合，能让其更加全面深入地了解历史，对历史形成更为立体化的认识，更有利于引领学生懂得运用多学科综合的思维模式进行学习，促进学生全面提高学科素养。

参考文献

［1］高巍.跨学科研究系列调查报告选登之六：跨学科研究项目的可行性分析［R］.北京：全国哲学社会科学工作办公室，2011.

［2］张伟然.历史与现代的对接：中国历史地理学近期新研究进展［M］.北京：商务印书馆，2016.

［3］中华人民共和国教育部.义务教育历史课程标准（2011年版）［S］.北京：北京师范大学出版集团，2011.

［4］中华人民共和国教育部.义务教育地理课程标准（2011年版）［S］.北京：北京师范大学出版集团，2011.

［5］杨晓慧.历史地图在高中历史教学中的运用［D］.武汉：华中师范大学，2014.

［6］中华人民共和国教育部.义务教育教科书：中国历史七年级上册［M］.北京：人民教育出版社，2016：6–8.

［7］中华人民共和国教育部.义务教育教科书：世界历史九年级上册［M］.北京：人民教育出版社，2018：2.

［8］朱翔，刘新民.义务教育教科书：地理八年级下册［M］.湖南：湖南教育出版社，2013.

［9］王如平，杨学喜.地理环境与人类文明［J］.环境教育，2004：18–19.

［10］张文木.气候变迁与中华国运［M］.海洋出版社，2017.

［11］竺可桢.中国近五千年来气候变迁的初步研究［J］.考古学报，1972（1）.

［12］刘磐修.汉代河套开发中的政府行为［J］.内蒙古社会科学，2003（4）.

［13］徐金秀，虞婷.清朝人口迁移对其社会经济发展的影响［J］.管理观察，2008（12）：204–205.

［14］杨照.主导中国历史格局的两条分界线［J/OL］.历史研习社，2019–02–22.

［15］茅擎天.中华民族一体多元与民族区域自治制度的历史依据［J］.同济大学学报（社会科学版），2003（1）：246.

案例1 中国工农红军长征——历史与地理辅助型跨学科教学模式

（部编版初中历史八年级上册第17课）

聿怀初级中学 李苑霖

【教学目标】

了解红军长征的路线及长征过程中发生的重大事件。了解遵义会议的召开及其伟大意义。探究红军被迫实行战略转移和取得胜利的原因。采用历史与地理辅助型跨学科教学模式，引导学生充分调动地理知识来分析长征过程的困难，从而体会红军的革命英雄主义精神。

【重难点分析】

1. 重点

中国工农红军长征，遵义会议。

2. 难点

遵义会议，长征精神。

【设计意图】

中国工农红军长征，在中国革命史乃至世界军事史上都是一次伟大的壮举。从军事战略上来看，本次战略性大转移保留了革命军队的有生力量，使中国革命转危为安；从党的发展史上来看，长征过程中的遵义会议是中国共产党由幼年走向成熟的标志，在新民主主义革命中具有重要地位；从对后世的影响上看，革命先烈在长征过程中不畏艰难、艰苦奋斗、勇于献身、追求崇高理想的革命英雄主义精神和乐观精神，是中国社会主义建设的强大动力。根据课标要求，本课学生需要了解红军长征的路线及长征过程中发生的重大事件，了解遵义会议的召开及其伟大意义，探究红军被迫实行战略转移和取得胜利的原因，难点是体会红军的革命英雄主义精神。以往的课堂教学中，教师讲解红军长征的过程和路线时，只是简单结合习题所提供的《中国工农红军长征路线示意图》，按事情发展的过程让学生在地图上标出中国工农红军长征的路线和重要事件；通过文字史料、图片、视频直观地让学生知道长征所经过的地点和途中历尽千难万险，从而体会长征精神。无法让学生设身处地地去理解长征路上所遇的困难程度，顺其自然地理解长征精神，深入探究长征在历史上的重要意义。这种单一历史领域的教学方法，仅停留在教师单方向向学生提供资料，学生根据资料来解读历史现象达成教学目标，虽然整个学习过程中可以提高学生的史料分析能力，但依赖教师的程度比较高。而八年级的学生，他们在《中国地理》中刚学完中国的行政区域划分、中国的地形地貌特征、中国的气候类型和特征、中国的民族分布等知识。历史中的二万五千里长征路覆盖中国的东部、中部、西部，其地域范围之广，地理环境之复杂，直接或间接影响着当时工农红军的战斗行动。如果我们能通过跨领域教学的方式，将历史和地理结合起来，在历史课堂中采用历史与地理辅助型跨学科教学模式，引导学生充分调动已有知识来认知新知识，提高知识的迁移和运用能力、综合思维能力，减少了学生学习过程中对教师的依赖程度，成为学习的主动者。时空观的建立和史料相结合，学生更能形成符合历史条件的一定历史情境，更能顺其自然体会长征精神，从中获得现实意义的动力。

【教学过程】

（一）教师导入

（时事新闻导入）习近平总书记站在中国特色社会主义进入新时代的重要历史节点上，对我们党的理想、信念、宗旨做了高度凝练，向全世界庄严昭示："实现中国梦，不忘初心，走好新的长征路，长征永远在路上！"

（二）过渡

要了解新时代下"新的长征路"，我们必须要了解长征的全过程，必须了解"长征精神"的内涵。这节课我们一起来学习曾经的长征路《中国工农红军长征》。

（三）新课讲授

环节一：读名著，探背景

1. 课前准备

教师在课前先对学生对长征这一历史事件的了解程度做一个学情调查，设计一份调查问卷，如表1：

表1

关于长征你知道多少？	
年级：__________姓名：__________	
Q1：你了解红军长征的事迹吗？	□不了解　□了解一些，但不是很清楚 □基本了解　□非常了解
Q2：你是通过什么途径了解红军长征的？（可多选）	□名著阅读 __________（请写出你阅读的篇目） □课堂学习 □他人讲述　□网络搜索 □其他方式
Q3：你了解红军长征的哪些方面？（可多选）	□红军长征的目的　□红军长征的意义 □红军长征的感人事迹 __________（请简要写出你了解的事迹） □红军长征的影响 □其他方面
Q4：请在你阅读过的有关长征的名著篇目中找出能论证红军长征史实的材料并加以分析得出结论？（每人至少摘抄一个论点）	材料：__________ 结论：__________

通过问卷调查所收集的结果显示，八年级100%的学生都了解过长征的事迹，而且100%的学生都是通过名著阅读和课堂学习了解的，了解的方向都是红军长征过程中的感人事迹，其中阅读过的名著有《红星照耀中国》《老山界》，课堂学习过的名著有《金色的鱼钩》。可见，八年级的学生对于红军长征都有了一个基本的了解，因此教师在教学设计上可以充分根据学生的学情，充分调动学生已有的知识，采用论从史出的历史思维模式，以历史的角度深层次地学习《中国工农红军长征》这一课。

2. 课堂教学

教师设问：《红星照耀中国》是本学期你们语文名著阅读必修课中学习过的篇目，作者埃德加·斯诺深入延安采访毛泽东，第一次报道了中国工农红军的长征。请同学们就书中第五篇《长征》的内容找出有关长征背景的相关文段资料，并分析说出你能得出的结论。

学生回答（参考答案）：

学生1：我在《红星照耀中国》第五篇《长征·第五次围剿》第126页中找

到这样一段文献资料："他谈到共产党怎样从几百个衣衫褴褛、食不果腹的年轻然而坚决的革命者建立起一支有好几万工农所组成的军队，最后到一九三〇年时已经成了政权的争夺者，其威胁严重到使南京不得不对他们进行第一次大规模的进攻。第一次'围剿'和接着的第二次、第三次、第四次'围剿'完全以失败告终。"从这一段话中，我可以得出红军长征的背景是：红军和根据地的发展威胁到了国民党，国民党对红军进行了四次围剿，红军四次反围剿都取得了成功。

学生2：我在《红星照耀中国》第五篇《长征·第五次围剿》第127页中找到这一段文献资料："一九三三年十月，南京已发动了它的第五次，也是最大的一次反共战争，一年之后，红军终于被迫总退却。"从这一段话中，我们知道为什么红军要长征？原因是第五次反围剿中红军失败，长征不是主动的，是被迫的。

过渡：前面四次反围剿都取得成功，为什么第五次反围剿会失败？

材料呈现：中国工农红军粉碎敌人五次"围剿"情况简表（1930—1933）（图1）

中国工农红军粉碎敌人五次"围剿"情况简表（1930—1933）

时间	国民党兵力	红军兵力	双方兵力比例	领导人	结果
第一次	10万	4万	100:40	毛泽东	胜利
第二次	20万	3万	100:15		
第三次	30万	3万	100:10		
第四次	50万	7万	100:14	周恩来 朱德	
第五次	50万	8万	100:16	博古 李德	失败

图1

教师设问：

（1）根据以上表格数据分析第五次反围剿为什么会失败？（参考答案：国民党的兵力和红军的兵力悬殊）

（2）兵力最悬殊的战役是哪一次？（参考答案：第三次）

（3）第三次反围剿是红军与国民党兵力最悬殊的一次，但结果却取得胜利的原因是什么？（参考答案：因为领导人的不同，第三次反围剿的领导人是毛泽东，而第五次的领导人是博古和李德，由此可得出决定反围剿结果的关键因素是领导人的作战战略而不是兵力问题）

过渡：是否真的是阵地战的原因，你们能不能再找到有关资料来论证我们的推测？

学生3：我在《红星照耀中国》第五篇《长征·第五次围剿》第128页中找到这样一段文献资料可以印证领导人战略失误的观点，“蒋介石修建了几百、几千英里的军事公路，成千上万个小碉堡，可以用机关枪火力或大炮火力连成一片。……红军由于被剥夺了佯攻、伏击或在公开交战中出奇制胜的机会，不得不采取新战略，他们开始把他们的主要力量放在阵地战上，这一决定的错误及其错误的理由，本书以后还要述及。”由此印证博古、李德阵地战的战略是错误的。

过渡：第五次反围剿的失败，红军被迫战略转移，离开中央革命根据地。

材料呈现：《中国工农红军长征路线示意图》（义务教育教科书《中国历史》八年级上册第82页）。

红军说到它时，一般都叫“二万五千里长征”，从福建的最远的地方开始，一直到遥远的陕西西北部道路的尽头为止，其间迂回曲折，进进退退……——《红星照耀中国》第五篇《长征·举国大迁移》，第130页。

教师设问：

（1）从历史地图中找出长征的起点？（参考答案：江西瑞金）

（2）斯诺关于长征地点描述与现实不符。对此，下列说法正确的有：①斯诺的描述不准，不是一手史料；②当事人的描述，也可能出现一定的失误，但该书仍具史料价值；③孤证不立，史料应相互印证，才能去伪存真；④文学作品完全没有史料价值。（参考答案：②③）

探究设问：结合中国地形图，“从福建的最远的地方开始，一直到遥远的陕西西北部道路的尽头为止”分别指哪里？教师在地图上设计提供三条路线第①条为西线（原长征路线），第②条为中线（两点间直线最短），第③条为东线（经过我国东部平原地区）。运用地理和历史学科知识，选择转移路线并说出原因。（参考答案：开始的地方指江西瑞金，接近福建但不是福建，说明外国人斯诺对中国的行政区域划分判断模糊；选择第①条路从路程来看是最远的，从地形来看是最复杂崎岖的，但从战略上看是敌人兵力最薄弱的地方，长征的目的是保存有生力量，所以即使最困难但一定要选择路线①；选择第②条路线是路程最短的，选择第③条路线是最容易走的，因为地形主要是平原，交

通网较密集，但是从历史的角度看②③路线分别经过武汉和南京，这是敌人力量最强的地方，不利于红军战略性转移）

过渡：第①条路线是最困难的道路，也恰恰是工农红军长征走过的道路。接下来启程后的红军战士们会遇到多少困难呢？我们结合地理学案来分析。（设计意图：通过学案，将课堂过渡给地理老师）

环节二：跨史地，析困难

1. 课前准备

与地理老师跨领域备课，根据八年级学生地理科的学情，结合历史教材中《工农红军长征的路线图》设计地理导学案，并根据长征路线绘制行政区划图、地形图、气候分布图、民族分布图，安排学生于课前先完成。

2. 课堂教学

呈现材料：课本第82页《中国工农红军长征路线示意图》。（设计意图：引导学生学习历史地理地图，在相同空间下不同时间里历史地理是动态而不是静态呈现的，同时通过地理空间的差异对比，引导学生学会考证史料，培养史料实证素养）

教师设问：

（1）根据地图找出红军长征经过了哪些省份？（参考答案：10个，沿途经过福建省、江西省、广东省、湖南省、广西壮族自治区、贵州省、云南省、四川省、甘肃省、陕西省）

（2）但很多资料记载，长征经过11个省份，为什么跟我们今天探究的会有出入呢？（参考答案：当时的行政区划图有一个“西康省”，而如今的行政区划图中已经没有了）

教师总结：无论是当时的11个省份还是如今的10个省份，我们能直观看到红军长征过程中的第一个困难是：路途遥远，长途跋涉。

呈现材料：红军长征路线与中国地理地形简图。

教师设问：

（1）结合课本第82页《中国工农红军长征路线示意图》和地图册第14—15页《中国地形图》找出长征经过了哪些重要地形区。（参考答案：东南丘陵、云贵高原、横断山脉、青藏高原）

（2）长征一路从丘陵到高原海拔最大的变化是什么？（参考答案：海拔越

来越高，空气越来越稀薄）

（3）这些自然环境条件会给人类活动带来什么影响？（参考答案：缺氧、高原反应等等）

教师总结：红军长征过程中的第二个困难是：海拔不断增高，带来身体的不适应。

呈现材料：红军长征路线与中国地理气候分布图。

教师设问：

（1）结合课本第82页《中国工农红军长征路线示意图》和地图册第21页《中国气候类型分布图》，找出长征路线上分布有我国哪些气候类型？（参考答案：亚热带季风气候、高山高原气候）

（2）这两类气候类型的特征是什么？（参考答案：昼夜温差大、昼夜温差极大）

教师总结：红军长征过程中的第三个困难是昼夜温差大。

呈现材料：《若尔盖高原和草地气温降水图》（图2）。

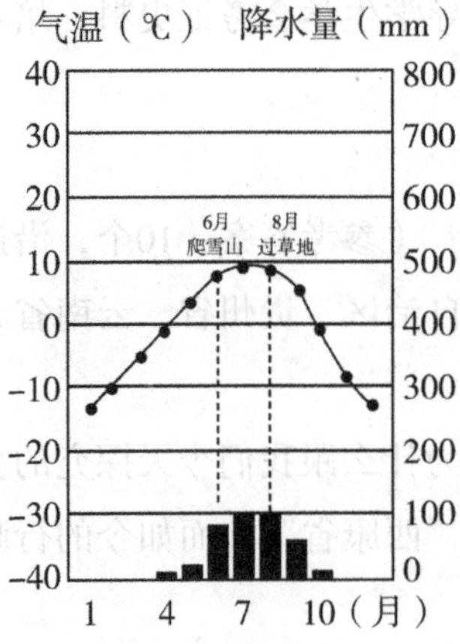

气温：________________

降水：________________

补充材料：若尔盖高原四周群山环抱，是青藏高原边缘的一块凹地，气候寒冷湿润，蒸发量小，排水不畅，地表经常处于过湿状态。

因此在若尔盖草地，红军面临的主要困难是：________________

图2

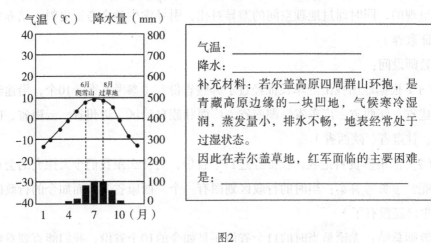

教师设问：根据上图，红军长征时爬雪山过草地是在哪个月份？这个时间段内当地的降水量和气温有什么特点？（参考答案：红军爬雪山是在6月，过草地是在8月，长途跋涉的时间已经很久了，物资大多已经消耗。这时正值当地的雨季降水量较多，容易出现大面积的沼泽地；虽然温度是当地年度最高温，但也只有8～9℃，根据我们的生活经验可知这时体感温度是严寒的）

教师总结：红军长征过程中的第四个困难是：低温、物资缺乏。

呈现材料：中国少数民族分布图。

教师设问：根据上图，长征途中是否多途经少数民族分布区？这种情况将给长征行军带来怎样的困难？（参考答案：有经过少数民族地区。行军面临的困难是民族矛盾、语言、文化的不同）

教师总结：红军长征过程中的第五个困难是：民族矛盾、语言、文化的不同。

过渡：以上是同学们分别从地理的角度理性地分析了长征途中的行军困难，接下来有没有哪些史料记录了我们上述推测分析的困难是真实存在的呢？

学生4：我在陆定一的《老山界》中找到这样一段文献资料，“我们决定要爬一座30里高的瑶山，地图上叫越城岭，土名叫老山界……部队今天非夜里行军不可……半夜里，忽然醒来，才觉得寒气逼人，刺入肌骨，浑身打着战。把毯子卷得更紧些，把身子蜷起来，还是睡不着……走了不多远，看见昨晚所说的峭壁上的路，也就是所谓雷公岩的，果然陡极了，几乎是九十度的垂直的石梯，只有一尺多宽；旁边就是悬崖，虽然不很深，但也够怕人的。”这也说明了长征途中地形复杂，昼夜温差大的困难。

学生5：小学课文里《金色的鱼钩》中讲道：指导员派老班长照顾三个病号过草地，他想尽办法钓鱼煮野菜汤给三个病号吃，最后写老班长饿死牺牲了。可见，过草地时环境十分恶劣，物资极其匮乏。

学生6：我在《红星照耀中国》中有读过几个事迹：红军到达彝族境内时遭到彝族人民的排斥，刘伯承与彝族首领按照部落的方式歃血为盟结为兄弟化解了民族矛盾；红军到达藏族部落时也被当地人民误解和敌视，在荒凉的地带里藏族人民把所有吃的、牲口、家禽都带到高原去，藏民的女酋长对不论哪种汉人都有不共戴天的宿怨。谁帮助过路的人，她就要把他活活用开水烫死。可见，长征行军途中遇到的民族矛盾和困难十分艰巨。

过渡：我们从地理和历史的角度看到了长征路上存在千难万险，但辩证地看待这些难处，路途最艰险的地方恰好是敌人力量薄弱之处，而且化解民族矛盾后共产党反而得到人民力量的支持。但刚刚我们前面提到的第五次反围剿战略的失误该怎么解决呢？

教师创设历史情境：模拟遵义会议分析问题。同志们，过去造成第五次反围剿失败，冲破四道封锁线损失惨重的原因是什么？今天向敌人最薄弱的贵州挺进，胜利占领遵义是谁提出来的？我们的赞成票应该投给谁？该不该继续由博古和李德继续指挥？

学生1：失败的原因是博古等人在军事上和组织上“左”的错误。

学生2：胜利占领遵义是毛泽东的正确军事主张。

全体学生：把票投给毛泽东同志。

教师设问：中国共产党如何纠正第五次反围剿失败所犯的错误？（参考答案：召开遵义会议）遵义会议的内容是什么？（纠正博古等人在军事上和组织上“左”的错误，肯定毛泽东的正确军事主张，选举毛泽东为中央政治局常委，取消博古、李德的军事最高指挥权）遵义会议有何意义？（参考答案：开始确立了以毛泽东为核心的新的党中央领导集体。挽救了党，挽救了红军，挽救了革命，是党生死攸关的转折点，标志共产党从幼年走向成熟。）

环节三：忆长征，传精神

过渡：接下来长征途中毛泽东又做出了哪些军事主张呢？

教师引导：通过长征路线图完整地动态演示和文学影视作品的感染力，让学生认识长征过程中的经典战役，如四渡赤水、佯攻贵阳、巧渡金沙江、强渡大渡河、突破腊子口等等，最后1935年10月19日，红军到达吴起镇胜利会师。

教师进一步引导：如此艰苦的漫漫征途，无数危急关头的生死考验，红军战士究竟是凭着一种什么精神，才能创造如此伟大的革命奇迹？分组讨论，谈一谈你心目中的长征精神。（参考答案：长征过程中，红军战士展现了不怕艰难险阻、勇往直前、战胜一切困难的革命英雄主义精神和永不言败的革命乐观主义精神）

教师设问：今天国家主席习近平指出“实现中国梦，走好新的长征路”。“新的长征路”指的是什么？

呈现材料：长征路上的今夕照片对比图和长征沿途我国自然资源、矿产资源的分布图。

教师引导：新长征路是弘扬长征精神为中国社会主义建设提供强大动力，是开发和保护好长征沿线的资源，实现打赢长征沿线的脱贫攻坚战，努力实现社会主义现代化建设，实现中华民族的伟大复兴。

案例2　第一次世界大战

（部编版初中历史九年级上册第21课）

世贸实验学校　曾若琦

【教学目标】

1. 知识与能力

通过本课的学习，使学生了解萨拉热窝事件；知道“三国同盟”“三国协约”的组成国；了解欧洲两大军事对抗集团形成的严重后果，理解第一次世界大战给人类社会带来的巨大灾难。通过了解第一次世界大战爆发前经历了长时间矛盾与冲突的酝酿，培养学生运用历史的眼光分析历史事件的能力。通过引导学生对相关史料的阅读和分析，培养学生根据历史事实得出结论的能力。

2. 过程与方法

学习第一次世界大战前世界的发展趋势与帝国主义列强争霸世界的史实，从不同角度了解第一次世界大战爆发的原因。以凡尔登战役为例，认识战争的残酷，帮助学生分析战争给世界带来空前灾难，让学生在历史学习中关注现实，把握未来。

3. 情感、态度和价值观

通过分析第一次世界大战这场帝国主义战争，给各国人民造成了深重灾难，阻碍了人类的发展与进步，从而树立起反对战争、珍爱和平的意识。通过分析普林西普刺杀斐迪南夫妇的个人恐怖行为，带来的后果是世界灾难性的，从而反对个人恐怖主义行为，明白爱国需要激情也需要理性，国际冲突需要冷静也需要和解。

【学情分析】

学生喜欢历史大多是因为有趣的历史故事或者是具有深远影响的战争，而第一次世界大战是所有学生都比较感兴趣的地方，尤其是九年级的学生已经有了七、八两个年级的历史知识储备，也掌握了一些学习策略，具备了一定的阅读、理解和整理历史资料的能力，但是完全认清历史事件的本质，利用所学的知识解决问题还存在一定的困难。因此，好的做法是给学生提供素材，教给他们更多的解决问题的方法，提高学生独立思考问题和解决问题的能力。

【重难点分析】

1. 教学重点

（1）三国同盟和三国协约。

（2）第一次世界大战的影响。

2. 教学难点

第一次世界大战的原因和性质。

【教学过程】

（一）导入新课

课前播放反战歌曲*Tell me why*。

在*Tell me why*这首著名的反战歌曲中，小男孩儿用稚嫩的童声困惑地向大人们质问："为什么我们必须得在战火硝烟中耗尽一生，为什么我们不能和平相处，为什么我们要永无休止地相互谴责？"的确，从人类诞生之日起，这个世界就从未有过真正的和平，战争的阴风时而卷起，摧枯拉朽，所到之处，只留下两样东西：血与泪。有这样一场战争，有人说，它第一次突破了以往各国战争都不超出自己家门口范围的惯例；有人说，它改变了世界之后100年的历史；有人说，它使欧洲的灯火熄灭了，我们一辈子都见不到它再亮起来。这就是第一次世界大战，让我们共同走近这段充满硝烟的岁月。

（二）新课讲授

1. 帝国主义争霸世界

教师：在第二次工业革命的推动下，资本主义国家的生产力获得突飞猛进的发展，后起的资本主义国家依据弱肉强食的丛林法则，妄图重新分割世界，争霸各国剑拔弩张，欧洲大陆暗流涌动。

展示：1913年英、法、德、美的比较（表1）。

表1 英、法、德、美、工业比较

项目	英	法	德	美
19世纪中期工业产量所占位次	1	2	4	3
1870—1913年工业增长倍数	1.3	1.9	4.6	8.1
1913年工业产量所占位次	3	4	2	1
1913年殖民地面积所占位次	1	2	4	5

教师提问：与19世纪中期相比，1913年英、法、德、美在工业产量（经济实力）和殖民地面积上有何变化？

学生回答：在经济上，通过第二次工业革命，美、德工业产量跃居第一、第二，英、法退居第三、第四。政治上，英、法所占殖民地依旧排名第一、第二，德、美则为第四、第五。

教师提问：归纳小结，帝国主义国家的政治经济发展不平衡是第一次世界大战爆发的根本原因。但为何是德国挑起了战争，而不是美国呢？请大家对比下面两幅地图——美国的地形和矿产图、德国矿产和工业分布图。

学生回答：美国国土面积大。德国国土面积相对较小。

教师提问：很好。美国的国土面积约为937万平方千米，德国则仅为54万平方千米。除此之外呢？还有其他因素吗？大家读图时注意看图例。

学生回答：美国的矿产、石油资源分布广泛，比德国丰富。

教师小结：因此，第一次世界大战前形成英、法、俄三国协约和德、意、奥三国同盟两个军事集团。而美国最初并没有参战。帝国主义国家在激烈的角逐中，为了自身利益，纷纷寻找伙伴以壮大自己的力量，促成剑拔弩张的两大军事集团形成。

展示（图1）：

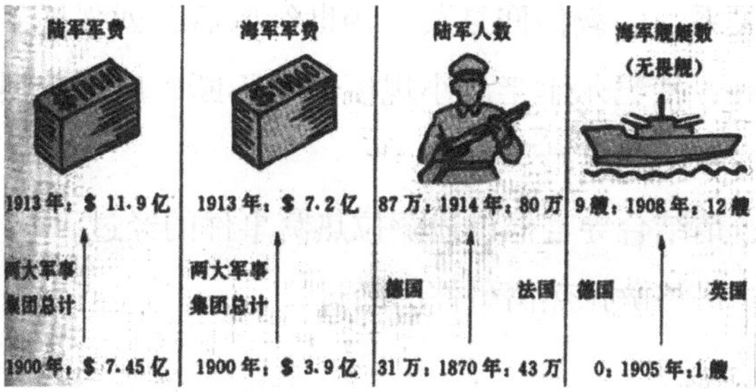

图1

教师提问：这些数字、图片说明了什么？

学生回答：两大军事集团疯狂扩军备战。

教师提问：欧洲两大军事集团的扩军备战带来怎样的严重后果？

学生回答：世界大战一触即发。

教师：1914年夏天，战火最先从欧洲点燃，迅速燃烧世界，给人类留下深重的灾难。下面让我们共同回首那段硝烟弥漫的岁月。

2. 大战的爆发

展示：

欧洲变成一只“火药桶”，只等一粒火星将它引爆。

——一位美国历史学家

教师提问：请同学们阅读课文第133页，看一看，哪里素有欧洲的“火药桶”之称？“一粒火星”是指哪一历史事件？

学生回答：欧洲的“火药桶”是巴尔干半岛，“一粒火星”指萨拉热窝事件。

展示：第一次世界大战前的巴尔干半岛

教师：由于巴尔干半岛地处欧、亚、非三洲的交会处，战略地位十分重要，当地民族关系、宗教信仰复杂。19世纪以后，列强插手巴尔干半岛、两大军事集团的争夺，使巴尔干半岛小规模战争不断，成为欧洲的火药桶，最终被萨拉热窝事件这粒小“火星”引爆。

教师提问：请结合导言框讲述萨拉热窝事件的经过。

学生回答：讲述萨拉热窝事件的经过。

展示：

萨拉热窝事件发生后，奥匈帝国立即寻求德国的支持，以摧毁塞尔维亚；德国立即表示全力支持奥匈对塞尔维亚采取军事行动。德皇威廉二世声称："这是千载难逢的好机会！"并说："如果俄国干涉，它将以对同盟国的忠诚，与奥匈并肩对俄作战。"

——王绳祖主编《国际关系》

教师提问：阅读材料结合课文思考，什么事件标志"第一次世界大战"的正式开始？

学生回答：1914年7月底，奥匈帝国向塞尔维亚宣战。

教师提问：两颗愤怒的子弹引发了一场世界大战！有人认为如果没有萨拉热窝事件，第一次世界大战就不会发生。你同意这种看法吗？请说明理由。

学生回答：第一次世界大战爆发的根源是帝国主义政治经济发展不平衡，矛盾十分尖锐。萨拉热窝事件只是第一次世界大战的导火线。

教师归纳：第一次世界大战是不可避免的。因为第一次世界大战的爆发有其深远的历史原因和复杂的国际背景，是长期矛盾激化的结果。即使没有萨拉热窝事件，也会有别的事件代替。萨拉热窝事件成为第一次世界大战的导火线，它只是战争爆发的直接原因。

教师提问：第一次世界大战爆发后，意大利见风使舵加入协约国一方，反过来向昔日的盟友开战，这说明了什么问题？

学生回答：帝国主义国家之间没有永恒的友谊，只有永恒的利益。

3. 空前的灾难

教师过渡：战争在欧洲爆发后，蓄谋已久的帝国主义列强在十天内先后参战，所有人都满怀信心地期待着一场短暂而光荣的战争。但是，他们不久便发现自己卷入了一场持久的、残酷的战争折磨之中。让我们一起来了解有"人体磨坊"之称的凡尔登战役的情况。

播放：《凡尔登战役》视频片段

教师提问：这段视频反映了战争的什么特点？

学生回答：凡尔登战役被称为凡尔登绞肉机，反映了战争残酷性、破坏性的特点。

教师：凡尔登战役是一战中规模较大，持续时间较久的战役之一，也是第一次世界大战的转折点。

教师提问：硝烟弥漫的战场上，是什么使战争更加残酷？

展示（图2）：

坦克

潜艇

佩戴防毒面具的英国士兵

远程大炮

图2

学生回答：交战双方使用坦克、毒气、飞机、远程大炮、潜水艇等新式武器，使战争由平面发展为立体，造成了大量人员的伤亡。

教师提问：通过以上学习告诉我们，科技是把双刃剑！因此，我们发展科技要趋利避害！旷日持久的第一次世界大战规模空前，随着局势的发展，先后有30多个国家卷入战争，饱受战争折磨的人们企盼和平早日来临，有哪些事件加速了大战的结束？

学生回答：1917年，美国放弃“中立”政策，参加协约国对德宣战；俄国爆发十月革命，退出第一次世界大战；中国也加入协约国方面作战。

教师提问：美国和中国的参战对第一次世界大战的进程有何影响？

学生回答：加速第一次世界大战的结束。

教师提问：美国参战极大地加强了协约国集团的力量。胜利的天平逐渐转向协约国一方。战争是在什么时候结束的？

学生回答：1918年，德国投降，历时四年的第一次世界大战以同盟国的失败宣告结束。

教师提问：同学们，持续四年的第一次世界大战是一场什么性质的战争呢？

学生回答：结合教材第134页动脑筋展开讨论。

展示：

一九一四年至一九一八年的战争，从双方来说，都是帝国主义的（侵略的、掠夺的、强盗的）战争。

——列宁《帝国主义是资本主义的最高阶段》

学生：……

教师：第一次世界大战是一场非正义的帝国主义掠夺战争，尽管塞尔维亚所从事的战争具有正义的民族解放性质，但这并不能从根本上改变整个战争的非正义性。第一次世界大战是一场争夺世界霸权的帝国主义战争，是人类有史以来流血极多、代价极高的一场恶战。

展示（表2）：

表2

战争历时	4年多（1914年7月28日—1918年11月11日）
参战国家	31个（协约国27个，同盟国4个）
战争范围	14个国家的400万平方千米以上土地 战场：欧洲、非洲、亚洲和太平洋地区
卷入人口	超过15亿
参战人员	7000多万
伤亡人员	3000多万
动用武器	首次使用坦克、毒气、飞机、飞艇 杀伤力很强的炮弹、燃烧弹
经济损失	3400多亿美元

教师提问：请你根据表格数据，说一说第一次世界大战的后果和影响？

学生回答：第一次世界大战对人类造成巨大的物质损失和人员伤亡，给各国人民带来深重灾难！

（三）课堂小结

第一次世界大战的硝烟已经散尽，然而，近百年来，第一次世界大战的枪炮声给人们心头蒙上的阴影难以抹去。第一次世界大战结束了，但战争给我们留下的思考还远远没有结束。第一次世界大战虽然已经离我们远去，但隔着时空的距离仍然能够真切地感受到战争的残酷与血腥！理性的思考和人性的善良是人类文明的希望所在！战争总是残酷的，和平总是美好的。在全球走向一体化的今天，我们更应该树立热爱和平、远离战争的意识。

【设计意图】

将《第一次世界大战》分为帝国主义争霸世界、大战爆发、空前的灾难三个子目进行教学。在帝国主义争霸世界这一子目中，利用表格、地图让学生分析第一次世界大战爆发的原因。在大战爆发、空前的灾难这两个子目中，通过视频、图片的展示，让学生了解第一次世界大战的残酷性，提醒学生要珍惜和平，远离战争。

第三章

道德法治与初中历史教学

初中历史和道德与法治学科跨域教学的思考

玉兰中学　蔡 绚　林 耿

历史学科具有很强的渗透性和兼容性，它在学科综合中有着重要的地位和作用，可以作为学科跨域综合教学的一个平台。在高考、中考改革指挥棒的引领下，加强历史学科与其他学科的兼容作用，可大大提升历史在人文科学与文明素养核心领域中的教育教学作用。

历史教育的本质是人文精神和人文素质的公民教育。其学科本质内涵丰富，在教授人类文明发展史实规律与人文素养的同时，自然隐含着爱国主义教育、国情教育、革命传统教育和优秀文化传统教育、家国情怀教育等作用。因此，在初中历史教学中，跨域道德与法治学科，可充分结合发挥历史教育的德育功能，提升学生的思想道德素养。为此，笔者借助历史课堂教学及多种形式的研学方向，对义务教育初中阶段历史和道德与法治学科跨域教学进行了一系列有益的思考与创新性尝试。

一、历史和道德与法治学科跨域的时代背景

（一）理论背景

在《义务教育历史课程标准（2011年版）》第一部分前言中提道：“当今世界正在发生广泛而深刻的变化，当代中国正在发生广泛而深刻的变革。全面建设小康社会，加快推进社会主义现代化是时代赋予中国人民的崇高使命。培育具有社会主义核心价值观的公民，是时代发展和社会前进的需求，也是青少年自身成长和全面发展的需要。

“历史教育对提高学生的人文素养有着重要的作用。义务教育阶段的历史课程，是在唯物史观的指导下，弘扬以爱国主义为核心的民族精神和以改革创新为核心的时代精神，传承人类文明的优秀传统，使学生了解和认识人类社会

的发展历程，更好地认识当代中国和当今世界。学生通过历史课程的学习，初步学会从历史的角度观察和思考社会与人生，从历史中汲取智慧，逐步树立正确的世界观、人生观和价值观，提高综合素质，得到全面发展。”

（二）国际背景

纵观近百年来纷繁复杂的国际形势，特别是近期中美力量的对比，可见国与国之间综合国力的较量，已经不仅仅局限于经济与科技领域的单一竞争，更是纵深推进到了对高科技、高素养精英人才储备的远瞻性战略谋划之中。这种竞争从根本意义上来看，实质就是通过教育同步造就具有强烈爱国主义精神和优秀民族素养的少数顶尖人才与众多基础人才的教育资源科学分配与合理整合的过程。因此当代人才的内在含义，已不单纯是拥有科技文化知识与基本职业技能，更重要的是要具备能够提升国家文明、民主与法治所必需的符合人文人道精神的信仰、道德与理想。

因此，在应对瞬息万变的时代背景，所提出的如何转变对未来人才的培养方式与培养方向，高瞻性地培养具有正确的世界观、人生观和价值观的创新思维型人才和综合能力型人才，是当今整个世界教育体系亟须思考与解决的棘手问题。

（三）国内背景

正如《义务教育历史课程标准（2011年版）》中所说，当代中国正在发生广泛而深刻的变革。历史正在通过中国七十年来的教育实践，尤其是改革开放四十年来的教育实践，所培养出来的“人”的综合素养来证明，决定当今国家与社会的面貌，即国家的信仰与国格、社会道德与公共秩序、民族个性与国家未来的因素，就是这一历史阶段教育的“人”。

在全面建设小康社会，加快推进社会主义现代化，夺取新时代中国特色社会主义伟大胜利，实现中华民族伟大复兴中国梦的崇高使命驱使下，如何培育具有社会主义核心价值观的公民，不仅是时代发展和社会进步的需求，也是青少年自身成长和全面发展的需要，更是当今中国教育必须不忘的初心，必须牢记的使命。在这个过程中，历史学科教育和道德与法治学科教育均突显其中，成为新课程改革中国家“科教兴国”基本战略的重要环节，直接表现为国家意志统一性部编教材的出版与应用。

二、历史和道德与法治学科跨域的可行性

常言道，政史不分家。新一轮课程改革倡导发挥学生的主动性，培养学生综合分析问题、解决问题的实践能力。因此，历史和道德与法治的学科教学方式必须由闭门造车式的传统教学，向跨学科、跨领域资源整合配用、综合自主探究的方式转变。历史和道德与法治两个学科因其特殊的共通性，使跨学科整合教学资源成为可能。

（一）学科的相似性

1. 学科的教学目标相似

道德与法治学科教学旨在加强社会主义核心价值体系教育，着力培养学生良好的道德、法治意识，提升学生的创新精神与实践能力。这与历史学科不谋而合。历史的教育本质是培养合格公民的教育，即具备合格人文精神和人文素质、具有社会主义核心价值观的公民。对照两个学科核心素养可见二者的高度相似性。其共同的教育目标均是为了培养当前及未来国家、民族、社会所迫切需要的、德才兼备的、具有正确的世界观、人生观和价值观的创新思维型人才和综合能力型人才。

2. 学科的教学实践相似

历史学科教学通过翔实生动的史实、史料、时论，无论是在教学方法、教学手段乃至教学形式，均在潜移默化中渗透着德育教育的内在本质特点。这与道德与法治的教学范畴有高度的重叠性与相似性，由此共同构建起爱国主义教育、国情教育、革命传统教育和优秀文化传统教育、家国情怀教育的主渠道。

（二）学科的共容性

1. 学科知识的共容性强

历史学科从历史学的角度涵盖了政治、经济、文化、民族、外交、军事等各个方面的内容。道德与法治学科有机整合心理、道德与法律、国家制度、国际关系与世界局势等多方面的学习内容。从学科知识内容来看，有诸多的共容性，甚至不乏专业重叠的知识与观点可共享。“特别在涉及政治、经济及文化等方面的内容，学科间知识交叉性强。这为政治、历史学科跨学科整合教学资源奠定了知识基础。”

2. 学科思维的共通性强

历史学科核心素养从唯物史观、时空观念、史料实证、历史解释、家国情怀五个方面构筑学科教学思维与育人导向。它主张通过具体的教学过程使人获得成长，而不只是认识历史本身。这是历史教育哲学的一个完美的转身。现代史学思维更加注重通过微观历史、社会史、现象史的学习获得历史的真相，由此提升价值素养使历史的学习服务学生的人生成长。

道德与法治学科核心素养包括道德品质、心理健康、法治观念、国家意识、政治认同、文化自信、社会和谐、人生价值。“初中道德与法治课作为学校德育教育和品德养成的重要基石，对学生核心素养的培养与良好品德的形成具有重要的作用。……在核心素养的内涵中，非常明确地将人的道德素养置于重要地位，比如家国情怀、责任担当等，这些正是中华优秀文化传统的底蕴和本色。立德树人是具有中华文化特色和时代特点的育人模式，教师在不同素养培养过程中应该予以学生不同的引导途径，培养学生独立思考、批判性思维能力，以及创造性地解决问题的能力。”因此，转型后的政治学科，同样重视整合不同领域的知识，为学生的思想道德发展服务，重视运用知识来感受、解释、理解社会现象、生活经验，处理和解决生活与生命成长中的困惑和道德、法治的综合性问题。

3. 学科考查的共识性强

无论是中考还是高考，都十分注重通过历史和道德与法治学科考查内容体现国家意识形态。从其考查的知识性、思想性等，都具有明确的共识性指导方向。从卷面题型观察，基本以选择题和主观题为基本题型。选择题均以基本知识点为依据考查学生灵活分析问题的能力，侧重知识的调用与实践。在主观题方面均是以论述类型试题为主，考查学生综合分析能力与从材料中获取信息进行总结的能力。因此，学科考试往往存在重复性考查的可能。

三、历史和道德与法治学科跨域的意义

昨天的政治就是今天的历史，以史为鉴可知兴替。历史和道德与法治的跨学科教学，有利于整合学科知识，丰富学科资源，促进学科渗透，进而提升学生综合分析能力，激发学生自主探究的兴趣，丰富教师的知识储备，因此历史和道德与法治学科跨域在教学实践中具有重要意义。

（一）有利于学科资源整合

1. 整合教材资源

新课改之下，教材资源不再是一成不变，整合教材成为丰富教学资源，完善教学配置的重要举措。历史和道德与法治两个学科的交汇性知识点众多，如果能够有针对性地将相同或相似范畴的知识点有效地进行开发与挖掘，必将显现出更加丰富多彩、新颖生动的知识体系，甚至通过整合获取创新性的结论与成果。

2. 整合教学手段

跨学科教学作为一种教学手段的整合方式，以其独特的视角，崭新的方式开发教学资源，创新教学手段，有利于优化课堂资源。可激发学生的学习与探究的兴趣，提高研学能力，拓宽学生思维角度，提升学生综合分析能力，增强自主学习的水平。

3. 整合考查形式

跨学科考查拓展了传统考查模式，大大刺激了原来单调、繁复的试题设计理念和考查方式，摸索出一条实用、实效的考查新路。

（二）有利于学科知识渗透

学科知识渗透是新课标中反复强调的新要求。历史和道德与法治各其学科特色，在共同的知识平台下，又存在学科的个体差异性。因此，尝试将学科共性与个性相结合，开辟学科渗透的道路，以不同学科、不同角度、不同思维去关注某一个知识点或知识体系，并以全新的思维理念去解析和诠释原来教学中长期固化的模式，方能寻求到学科渗透之后展现出来的缤纷多彩的知识彩虹。如若从学生的角度来看，历史和道德与法治两门学科通过整合课堂教学，相互融合渗透，则可以拓宽思路，提高学生的综合能力。

（三）有利于提高学习效率

历史学科是通过史实来实证史论的学科，其形象生动、内容丰富、内涵厚实、面广却又不乏细致的特点，使历史事件与历史故事有血有肉、自然而不空洞。但长期以来的传统历史学科教学在应试考试的模式之下，变得苍白无力，死记硬背的学习方法更是为人所诟病。新课改之下，历史学科重焕生机，在核心素养教学的引领下，大量的一线教师、专家团体对历史学科教学进行重新整合，通过运用历史故事辨明政治理论、通过古今对比理解政治制度、通过历史知识推导政治结论、运用历史文化阐释政治内涵等方式将政治和历史教学进行有机的融合。在潜移默化之中，政治思维、政治理论、国家意识、国际形势皆悄然涌现于历史课堂与研究成果之中。如果能有步骤、有计划、有目标、有方法地整合历史和道德与法治学科教学资源，将大大提升教师的教学效率，学生的学习效果。因此，这是一条具有高度可行性的学科跨域之路。

21世纪的历史教育，其目标是通过教育和公民人格养成，奠定人文基础、为高素质人才成长提供创新思维能力的训练。随着科学技术的日益发达，各门学科之间的渗透性越来越强，学科综合化是时代发展的必然趋势。作为一线历史教学，应顺势而动，打破旧识，创新观念，以培养时代需求的人才为目标，以教育国家需要的公民为准则，践行课改理念，探索学科整合，借助跨科教学，实现教书育人，立德树人的根本目标。此行任重而道远，且行，且思……

参考文献

[1] 中华人民共和国教育部.义务教育历史课程标准（2011年版）[S].北京：北京师范大学出版社，2012.

[2] 朱文余.浅谈初中道德与法治课学生核心素养的培养[J].文化研究，2016（11）.

案例 内战爆发

(部编版初中历史八年级上册第23课)

玉兰中学 蔡绚 林耿

【教学目标】

1. 知识与能力

了解重庆谈判、全面内战爆发、解放区军民的自卫反击等基本史实，理解中国共产党为争取和平民主所做出的努力，认识国民党坚持独裁、发动内战的本质，思考现象与本质之间的内在联系。

2. 过程与方法

在分析讨论重庆谈判的过程中，初步掌握解释和回答历史问题的方法；通过文字、图片等资料，让学生感知内战爆发的基本史实，培养学生以唯物史观分析历史事件的能力，形成自主探究、合作学习的良好习惯。

3. 情感、态度与价值观

通过了解共产党为争取和平民主做出的努力，使学生感知和平、民主的来之不易，从而增强学生维护和平民主的自觉性和对共产党的热爱之情；认识国家统一、民族团结是中国强盛的重要保证，坚定我党必胜的政治信念。

【学情分析】

八年级的学生经过了一年的历史学习，具备了一定的历史常识，有通过图文材料分析解决问题的能力；学习了抗日战争的胜利，对国共两党的情况、重庆谈判的背景有了一定的了解；有强烈的求知欲和参与意识，对解放战争兴趣浓厚。但总体来说尚缺乏深入思考的意识和习惯以及系统总结知识的能力。

【重难点分析】

1. 重点

重庆谈判。

2. 难点

重庆谈判的历史背景。

【教学过程】

（一）序幕：播放视频，导入新课

视频配词：回想1945年4月24日，毛泽东在中共七大的政治报告《论联合政府》中指出，“目前摆在中国人民面前有两个前途”“我们要努力争取实现光明的前途”。国民党蒋介石为了维护国民党一党专政和个人独裁统治，在美国支持下发动了全面内战。共产党为了推翻国民党反动统治，领导了解放战争。于是中国的历史进入了解放战争时期。抗日战争胜利后，中国面临“建什么国”的问题。国民党、共产党和民主党派对这个重大的问题提出了各自的主张。

2017年10月18日，习近平总书记《决胜全面建成小康社会　夺取新时代中国特色社会主义伟大胜利》的政府报告中指出：党的十九大，是在全面建成小康社会决胜阶段、中国特色社会主义发展关键时期召开的一次十分重要的大会。承担着谋划决胜全面建成小康社会、深入推进社会主义现代化建设的重大任务，事关党和国家事业继往开来，事关中国特色社会主义前途命运，事关最广大人民根本利益。

党从十九大到二十大的五年，正处在实现"两个一百年"奋斗目标的历史交汇期，第一个百年目标要实现，第二个百年奋斗目标要开篇。全面建成小康社会，是实现中华民族伟大复兴中国梦的关键一步，是我国社会主义现代化进程中一个重要里程碑，在中国特色社会主义事业发展中具有承上启下的重要作用。

七十载峥嵘历史，中国共产党不忘初心，牢记使命。历史可鉴，中国共产党以其凿凿实践印证救国救民、全心全意为人民服务的铮铮誓言，在新时代中华民族伟大复兴的中国梦的光辉道路上呕心沥血不懈奋斗。

今天，让我们借助《内战爆发》这一课，剖析解放战争的历史细节，一起来比较历史，从政治的角度去了解历史，感悟历史。

（二）新课讲授

1. 第一章：人民的意愿——渴望的和平

（1）第一幕：国民党六大

材料：1945年，在抗战胜利的几个月前，国共两党各自召开了一次全国代表大会。

国民党：今天的中心工作在于消灭共产党，日本是我们外部的敌人，中共是我们国内的敌人，只有在消灭中共才能完成我们的任务！

——蒋介石1945年在国民党六大上的讲话

提问：国民党的政治主张是什么？

回答：……

（2）第二幕：中共七大

材料：

共产党：我们这次大会是关系全中国4.5亿人民命运的一次大会，我们的任务就是应当用全力去争取光明的前途和光明的命运，反对另一种黑暗的前途和命运。

——毛泽东在中共七大开幕词中的讲话

提问：中国共产党的基本主张是什么？

回答：……

中国站在黑暗与光明的抉择路口。

当中华民族取得了抗日战争最后的胜利，当全国人民沉浸在胜利的喜悦，当和平、民主、自由似乎离我们那么的近，事实上，在国共之间已经是暗流涌动，开始了一场针锋相对的政治较量。

2. 第二章：政治的较量——针锋谈和平

（1）第一幕：1945年延安干部会议

材料：一九四五年八月十三日，毛泽东在《抗日战争胜利后的时局和我们的方针》讲话中说：现在蒋介石已经在磨刀了。

提问：为什么要磨刀？怎么磨刀？怎么做准备的？

回答：……

（2）第二幕：蒋介石三次电邀毛泽东

材料：蒋介石先后三次电邀毛泽东到重庆面商国家大计。

8月14日："倭寇投降，世界永久和平局面可期实现，举凡国际国内各种重要问题，亟待解决，特请先生克日惠临陪都，共同商讨，事关国家大计，幸勿吝驾，临电不胜迫切悬盼之至。"

8月20日："……大战方告结束，内争不容再有。希望足下体念国家之安危，闵怀人民之疾苦，共同勠力，从事建设。……"

8月23日："惟目前各种重要问题，均待与先生面商，时机迫切，仍盼先生能与恩来先生惠然携临，则重要问题方得迅速解决，国家前途实利赖之。兹已准备飞机迎接，特再驰电速驾！"

提问：蒋介石为什么三次电邀毛泽东？

回答：……

释题材料：布莱恩·克洛泽所著《蒋介石传》中，记述了蒋介石对毛泽东和共产党的观点，如果让毛泽东把他的宣传扩展到整个中国，我们就是在冒险，美国人也一样。因为毛泽东的背后是一个共产主义的学说，并且后面还有俄国。这个观点表明了蒋介石对毛泽东和共产党的忌惮和敌视，不消灭毛泽东和共产党，他睡不安稳。基于各种考虑，包括美国的压力，蒋介石先后三次电邀毛泽东到重庆会谈。

（3）第三幕：人民群众游行庆胜利

原因一：国内人民迫切要求和平。

出示图片："战争毁坏的城市""被日军炸毁的桂林解放桥""无家可归的人们""庆祝抗战胜利的游行"。

提问：从图片中看到了什么?

十四年抗战，当时放眼我们整个中华大地，除了胜利的狂欢，更多的是衰败的经济，凋敝的民生，停滞的教育，流离失所的人民。

材料：中国的老百姓，足足有三十多年没有享受过和平的日子，一面受敌人的侵略，一面不断内战……我们对于战后和平的期望，就像饥饿的人等饭吃那样的急迫……我们反对内战，不管用什么法律来解释，我们还是要反对，如果内战，全中国人民都要遭受无穷的损害……

——1945年8月《新华日报》读者来信

提问：饱受战争苦难的中国人民在取得抗日战争胜利后，最大的心愿是什么?

回答：渴望和平、民主。

（4）第四幕：陶希圣谈话

材料：想用软的一套手法，把共产党吃掉谈何容易！可是，国内有厌战情绪，国际形势也不允许中国打内战，一打起来我们更被动，利用谈判拖一拖也好。共产党拒绝谈判，我们更有文章好做!

——蒋介石谋士陶希圣原话

原因二：国际形势

蒋介石军队由于抗战大多退回西北、西南地区，当时还没有做好打内战的各方面准备，谈判可以拖延时间，调拨军队。

原因三：尚未做好内战的准备

所以，电邀毛泽东到重庆面商国家大计是蒋介石营造的一种假象，事实上，他是假和平，真内战。蒋介石的目的是一方面为发动内战争取时间，另一方面想在政治舆论上获得主动，把不愿和平的罪名强加到中国共产党身上。

提问：面对蒋介石精心设计的鸿门宴，共产党是如何抉择的？毛泽东去还是不去呢？最终的决定是什么？我们都已很清楚。为什么毛泽东不顾个人安危做了这样的决定呢?

回答：揭露蒋介石假和平、真内战的阴谋；尽一切可能去争取和平民主。

（5）第五幕：1945年中共中央政治局扩大会议

材料：1945年8月23日，毛泽东主持中共中央政治局扩大会议，在会议上说："我们要准备所有让步以取得合法地位，利用国会讲坛去进攻。"这事实上表明了毛泽东对和平前景的期望。1945年，在风云莫测、险象环生的背景下，毛泽东毅然应老对手蒋介石之邀到重庆谈判，坦然赴之，从容应对，平安归来。试问，此举非大智大勇者焉能处之，非充分自信者焉能为之？

这也再一次体现了毛泽东为了中国广大人民群众的根本利益，深入虎穴，勇于斗争的革命精神和卓越的政治智慧。

柳亚子写诗称赞毛泽东是"弥天大勇"，用自己的生命对和平做出了承诺。

（6）第六幕：1945年延安东门外机场

场景再现：1945年8月28日上午，延安东门外机场，人们带着复杂的心情依依惜别"一身系天下安危"的领袖毛泽东。作家方纪为我们记下了无比鲜明的经典时刻的历史纪录；摄影师也为我们留下了这刹那间的、永久的形象："主席伟岸的身形，站在飞机舱口；坚定的目光，望着送行的人群；宽大的手掌，握着那顶深灰色的盔式帽；慢慢地举起，举起，然后有力地一挥，停止在空中……"

（7）第七幕：重庆会谈会场

举世瞩目的重庆会谈开始了。会谈进行得并不顺利，主要焦点在政治民主化和军队国家化的问题上，也就是共产党的地位问题和安全问题。谈判陷入僵持。其实任何谈判都是困难的，但只要目的一致，总能有令各方满意的结果。重庆谈判的实质问题在于其从一开始就是"缓兵之计"。1945年9月20日，张治中致胡宗南密电中，和盘托出了蒋介石的本意：目前与奸党谈判，乃系窥其要求与目的，以拖延时间，缓和国际视线，俾国军抓紧时机，迅速收复沦陷区中心城市。待国军控制所有战略据点、交通线，将寇军完全受降后，再以有利之优越军事形势与奸党作妥协谈判。如彼不能在军令、政令统一原则下屈服，即以土匪清剿之。

提问：历时43天，唇枪舌剑、短兵相接，背后又危机四伏的谈判，取得了什么成果？

回答：……

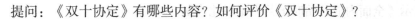

提问：《双十协定》有哪些内容？如何评价《双十协定》？

回答：……

按照《双十协定》的要求，1946年1月10日，政治协商会议在重庆召开。会议讨论了建立联合政府、和平建国纲领、召开国民大会、修改宪法草案、整编军队等问题，再次确定了避免内战、和平建国的方针。

重庆谈判与政治协商会议的召开，为中国实现民主统一、和平建国带来了一线曙光。

（8）第八幕：蒋介石下达密令

但，正如毛泽东曾说过的："蒋介石是一个极端残忍和极端阴险的家伙……"

材料：10月13日，蒋介石下达密令。"奸匪若不速予剿除，不仅十四年抗战前功尽弃，且必糟害无穷，使中华民族永无复兴之望，我辈将士何以对危难之同胞，更何以对阵亡之将士！""遵照……所订剿匪手本，督励所属，努力进剿，迅速完成任务，其建功于国家者必膺懋赏，其迟滞贻误者当必执法以绳。"

可以看出，蒋介石从一开始就没打算和平建国，不彻底剿灭毛泽东和共产党，他是不会善罢甘休的。由双方在这个历史关键期的不同决断，充分暴露出蒋介石假和平真内战的政治立场。相较之下，毛泽东以人民的意愿为出发点，从民族利益出发，为争取和平而涉险赴之，乃天下之大勇也。若非坚定的信念与必胜的决心，何敢为之。

（9）第九幕：国民党进攻中原解放区

1946年6月，国民党背信弃义公然违背"双十协定"，撕毁政协决议，全力围攻中原解放区，发动了全面内战。

和平建国的梦想瞬间化为泡影，国共终是兵戎相见。

3. 第三章：军事的较量——兵戎换和平

（1）第一幕：重庆谈判

早在重庆谈判期间，蒋介石就说过"吾料其不能成事，终难逃余之一握也"。在战争爆发之后，蒋介石曾说"比较敌我的实力，无论就哪一方面而言，我们都占有绝对的优势"，甚至狂妄地宣称"五个月之内打垮中共"。

提问：蒋介石哪里来的"自信"？

出示《全面内战开始时国共力量对比表》。

	国民党	共产党
拥有军队	430万人	130万人
武器装备	接收100万日军的装备，取得美国大量武器	基本上是步枪
拥有人口	3亿多	1亿多
拥有地区	大城市、绝大部分铁路交通线	小城镇、乡村、偏远地区

这时候在国际上，有一个国家的态度也很明显。

出示战争前后美国对国民政府的援助。

装备军队	45个师
训练军事人员	15万人
给予贷款和物资	59亿美元

提问：国共力量的悬殊大家有目共睹，蒋介石是否如愿了呢？

回答：……

让我们先来分析一下国共双方军事细节和战略指挥能力：

蒋介石严谨刻板，注重细节，常常越级指挥、一插到底。喜欢越级指挥，从早期“围剿”红军到解放战争时期的大决战，他几乎从未改变事无巨细一插到底的坏毛病。

毛泽东早在1936年12月曾对军事统帅如何形成正确的军事指挥谋略做了具体清晰的论述：“指挥员的正确的部署来源于正确的决心，正确的决心来源于正确的判断，正确的判断来源于周到的和必要的侦察，和对于各种侦察材料的连贯起来的思索。”毛泽东善于“从战争中学习战争”。一切从实际出发，实事求是，是毛泽东军事思想的精髓。相较得知，两者在战略指挥方面的差异。

另外，由于历史的原因，国民党军队派系林立，互相利用，互相猜忌，各自为政，相较之，共产党解放军众志成城。

（2）第二幕：1945年延安干部会议

材料：

毛泽东说：“蒋介石总是要强迫人民接受战争，他左手拿着刀，右手也拿着刀。我们就按照他的办法，也拿起刀来。”

——《抗日战争胜利后的时局和我们的方针》

提问：强敌面前，如何防御？

回答：……（引导学生从战略战术上分析。）

（3）第三幕：1946年毛泽东与美国记者安娜·路易斯·斯特朗谈话现场

材料：1946年8月，毛泽东与美国记者安娜·路易斯·斯特朗的谈话中，提出了“一切反动派都是纸老虎”的著名论断，坚定了中国人民革命必胜的信心。

（4）第四幕：陕北、山东解放区

材料：八个月，歼敌70多万，打乱敌人全面进攻计划，国民党被迫收缩战线，被迫转为重点进攻。重点进攻的地点是哪里？（陕北、山东解放区）

强敌压境，中共中央主动撤离延安，上演了一场“空城计”，利用有利地形和群众基础，抓住敌人急于决战的心理，以小股部队与敌人周旋，消耗、疲惫敌人，待敌人疲惫、松懈之时，集中主力聚而歼之。

战术：采取“蘑菇”战术。

著名战役：陕北解放区——青化砭战役、沙家店战役。

山东解放区——孟良崮战役全歼张灵甫美械装备精锐七十四师。

敌人的重点进攻被粉碎。

提问：不到一年的时间里，为什么解放军能转危为安？

学生讨论回答：正确的战略战术、解放军的英勇作战、人民群众的支持。

（5）小结

战争还没有结束，苍茫大地谁主沉浮？无论是政治较量还是军事较量，说到底，还是民心的较量。

4. 人民的选择——谁主定沉浮

国共双方的兵力变化，洞察民心向背：

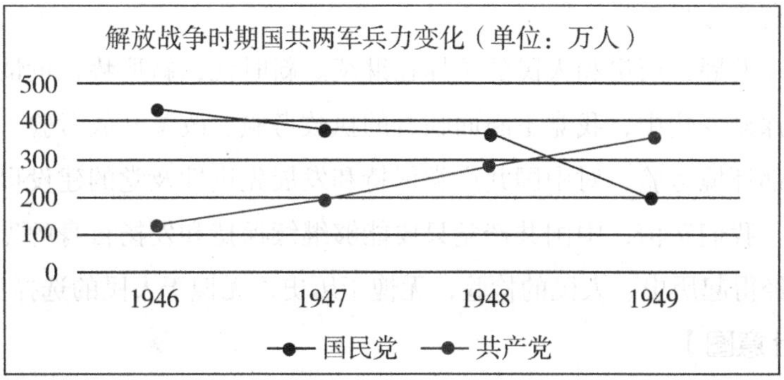

图1

提问：从图1，你能收集到什么信息？

回答：……

参考答案：从数字变化，可以看到国共两军的兵力成此消彼长的趋势。

第一幕：诉苦大会

材料：1946年10月，《解放日报》就介绍过通过诉苦大会改造俘虏兵的方法，提到“在举行了这种诉苦大会的地方，成千成万的俘虏兵打开了眼睛，他们立即就觉悟到一系列的问题，立即就自动要求加入我军，与蒋介石和帝国主义者拼命”。到解放战争中期，诉苦会在全军大力推广，发展成为规模巨大的新式整军运动，使得数以百万计俘虏兵被塑造成忠诚的共产主义战士。

参考答案：从数字转换，发现俘虏兵和投诚部队是共产党兵力补充的重要来源，这就是兵源流动的根本原因。

国之命，在人心。“万物有所生，而独知守其根。”共产党一登上历史舞台，就坚定地站在中国最广大人民利益的立场上，把实现最广大人民利益要求作为自己的根本纲领，救民族于危亡、拯民众于水火。

解放战争时期，党正确的政治主张、高超的战略谋划、科学的军事指挥、细致的民生政策……无不体现了我党是真正代表了广大人民群众的根本利益，代表了社会各阶层的根本利益，代表了中华民族的根本利益。是人民选择共产党、拥护共产党的真实写照。

总结：同学们，今天我们借助本课，窥探解放战争时期历史的细节，我们发现，共产党正确的政治主张、高超的战略谋划、科学的军事指挥、细致的民生政策……无不体现了我党是真正代表了广大人民群众的根本利益，代表了社会各阶层的根本利益，代表了中华民族的根本利益，是人民选择共产党、拥护共产党的真实写照。

时代在发展，历史和人民的选择在继续。新时代，新形势，世情、国情、党情皆在深刻变化中，我党不断面临着的执政考验、改革开放考验、市场经济考验、外部环境考验，对中国共产党保持和发展先进性及党的建设提出了新的更高要求。我们坚信，中国共产党只要能够继续保持和发扬自身的先进性，就一定能够经得起历史、人民的检验，无愧于历史，无愧于人民的选择！

【设计意图】

历史学科具有很强的渗透性和兼容性，它在学科综合中有着重要的地位和作用，可以作为学科跨域综合教学的一个平台。历史教育的本质是人文精神和人文素质的公民教育。本课借助《内战爆发》一课为载体，引入大量政治材料，实现历史和道德与法治学科的相互融合与渗透，在历史细节的处理上注重强化历史教育的德育功能，提升学生的政治感悟，坚定我党必胜的政治信念。

第四章

艺术与初中历史教学

乐为心声，与史共鸣

聿怀初级中学　陈泽群

音乐的起源有着悠久的历史，与人类的生产生活息息相关。古代的人们用音乐与自然对话，与灵魂对话，与同伴对话，表达他们对天、地、神灵的敬畏，对祖先庇佑的企盼。不同时代的音乐，有其鲜明的时代特征，蕴含着丰富的历史内涵，加之音乐的感染力，使其成为一种独特的历史课堂教学资源。对于音乐的运用，主要有两大方式：一是课堂的背景音乐；二是历史视频制作的背景音乐。下面将介绍三类适合在历史教学中运用的音乐。

一、以历史主题创作的音乐

历史是人的历史，历史的事件是客观存在的事实，但对于历史的看法与体验，又必然带有主观的因素。学生是历史课堂学习的主体，学生学习的精神状态对于教学效果的实现有重要的影响。据心理学研究表明，在生理上，音乐能刺激人体的自主神经系统，轻柔的音乐会使人体脑中的血液循环减慢；而活泼的音乐则会增加人体的血液流速；高音或节奏快的音乐会使人体肌肉紧张，而低音或慢节奏的音乐则会让人感觉放松。以历史为题材的音乐，与所讲授的历史内容，具有较高的契合度。音乐创作人带着对文明的向往与历史的反思，将历史的情怀融入音符之中。选择此类音乐作为课堂导入，能为学生营造贴近历史现场的课堂氛围，让学生进入教学内容所需要的情绪预设中。

例1，《丝绸之路》/喜多郎

“丝绸之路”是中国古代史的重要教学内容，无论是从历史作用还是“一带一路”倡议下的现实意义来说，这绝对是初中历史教学需要浓墨重彩精讲的知识点。本课在教学目标上包括：学习张骞报效祖国、勇于冒险的精神，了解丝绸之路的文化内涵及在中西交流史上的作用等。让学生感受到张骞的西域之行，是一趟艰难的旅程及感受到丝绸之路的恢宏与悠远，是本节课的情绪设定。在课前预备时，播放日本艺术家喜多郎在80年代创作的音乐《丝绸之路》渲染氛围，可以为学生预热，将学生带入历史的意境中。喜多郎的《丝绸之路》充满了浓浓的中国气息，他曾提道："在创作它的时候，最打动我的是中国人在悠久的历史中形成的那种心灵的深厚，在那种深厚中，人们生活着。这对我来说是深有启发的。特别是奈良的药师寺有一个玄奘三藏院，里面有玄奘法师的遗骨，一想到有这样的灵魂安葬在这里，我的确会产生一种很深沉的联想。"音乐前奏部分运用电子音乐，一小串十六分音符的旋律，仿佛让人置身大漠，眼前出现了缥缈奇幻的海市蜃楼，此后旋律节奏快慢交替，让音乐非常具有画面感，漫天的黄沙里，悠远的驼铃，孤独的商队从远方走来，最终又渐行渐远地消失在天际。当课前准备时有了音乐预热，在课堂上我们再配合"黄河远上白云间，一片孤城万仞山。羌笛何须怨杨柳，春风不度玉门关"等相关古诗词作为史料，会相得益彰。

例2，《故宫三部曲》之*Palace Memories*/神思者

《故宫三部曲》是神思者（S.E.N.S）在1996年为大型纪录片《故宫》所创作的主题曲，包括：《故宫追忆》（*Palace Memories*）、《故宫容颜》（*Palace sketch*）、《故宫溯源》（*Palace Seeds*）。其中*Palace Memories*一曲旋律凝重大气，跌宕起伏，体现了数千年历史的文明国度的瑰丽与辉煌。乐曲虽然为《故宫》而创作，但是乐章所描绘出的历史的厚重、壮丽、庄严，适用于历史课堂上所有与古代建筑、古代文明相关知识点的教学场景，如唐都长安、古罗马古希腊建筑、古埃及金字塔等。无论是制作教学视频的背景音乐或者课前预备的导入音乐，都会让学生在音乐中仿佛穿越千年的岁月，与历史的伟大与沧桑进行一次心灵的对话。

二、具有史料价值的音乐

歌曲都有其创作的背景和时代感。不同时期歌曲题材的选择及旋律都带有时代的特色。创作年代人们的社会生活、经济活动、时代大事往往是歌曲创作的灵感源泉，因此音乐又自带一定的一手史料价值。利用歌曲作为历史课堂的情境框架和史料呈现，会让学生从不同的角度近距离地观察、思考历史；同时，歌曲的旋律，或激昂，或哀伤，或深情，非常容易调动起学生的情绪，为

历史课堂营造一种真切的历史情感体验，有利于落实家国情怀的学科目标。近代以来的许多歌曲，为历史课堂提供了丰富的教学资源。

（一）国民革命前后

国民革命前后，孙中山在经历了护国运动、护法运动等的挫折之后，痛定思痛，寻找与共产党合作的道路。以国共第一次合作为政治基础，黄埔军校创建，国民革命轰轰烈烈开展起来。其间，《陆军军官学校校歌》《国民革命歌》等优秀的作品涌现出来。

1924年1月24日，孙中山组织成立“陆军军官学校筹备委员会”，在广州长洲岛上原广东陆军学堂和广东海军学校的旧址上建立军校。1924年5月，从1200名考生中正式取录学生350名，备取120名。6月16日，举行中国国民党陆军军官学校（简称黄埔军校）开学典礼，孙中山到会场给青年做了热情洋溢的讲话：“要从今天起，立一个志愿，一生一世，都不存在升官发财的心理，只知道做救国救民的事业。”孙中山还宣布了“三民主义，吾党所宗，以建民国，以进大同，咨尔多士，为民前锋，夙夜匪懈，主义是从，矢勤矢勇，必信必忠，一心一德，贯彻始终”的训词。

黄埔军校曾先后制定过两首校歌。第一首校歌为《陆军军官党校校歌》，制定于1924年，歌词为：“莘莘学子，亲爱精诚，三民主义，是我革命先声。革命英雄，国民先锋，再接再厉，继续先烈成功。同学同道，乐遵教导，终始生死，毋忘今日本校。以血洒花，以校作家，卧薪尝胆，努力建设中华。”

第二首校歌为《中央军事政治党校校歌》。歌词为：“怒潮澎湃，党旗飞舞，这是革命的黄埔！主义须贯彻，纪律莫放松，预备奋斗的先锋！打条血路，引导被压迫民众。携着手，向前行；路不远，莫要惊。亲爱精诚，继续永守。发扬吾校精神，发扬吾校精神。”

围绕这两首歌词，我们可以设计以下问题：

（1）第二首校歌中的党旗是哪一面旗帜？（此处的党旗是国民党的旗帜，由此让学生认识到第一次国共合作的形式是党内合作，为后面学生学习第二次国共合作的合作形式对比埋下伏笔。）

（2）第二首校歌中的主义指的是什么？（新三民主义）

（3）第二首校歌中如何体现新三民主义的原则？（引导被压迫的群众，体现扶助农工政策）

（4）从两首校歌的差异之处推测第二首校歌出现的历史背景。（第一首校歌是黄埔军校初创，校歌主要是鼓舞士气，激励学生报效国家的责任感。第二首校歌的出现，是随着国民革命的深入开展，对军纪方面提出了要求。）

陆军军官学校校歌

国民革命的重要军事行动，就是北伐，对于北伐的对象、北伐目标，《国民革命歌》可以说精简扼要地予以阐述。歌曲的旋律来自法国民歌，与学生们耳熟能详的儿歌《两只老虎》同一旋律。

国民革命歌

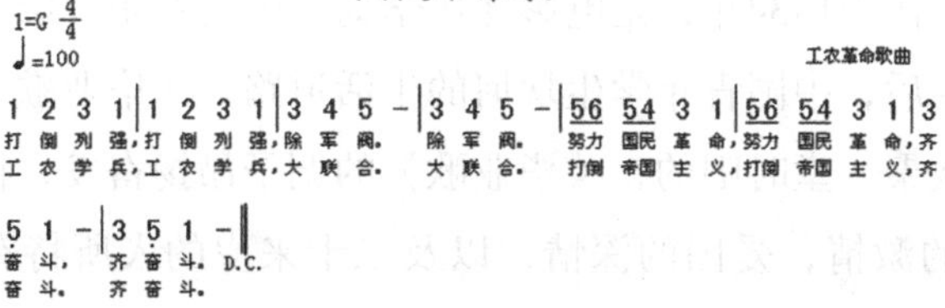

曲调朗朗上口，歌词简明扼要。歌词“打倒列强除军阀”很容易让学生在

熟悉的旋律中记住了国民革命的任务。教师还可以做以下的问题设计：

（1）歌词中的军阀指的是谁？（张作霖、吴佩孚、孙传芳）

（2）打倒列强和除军阀两个任务之间有什么样的关系？（军阀背后是帝国主义势力支撑，张作霖依靠的是日本，孙传芳、吴佩孚背后的支持者是英国，所以反对帝国主义与反对封建主义必须同时进行。）

（3）从歌词上看，国民革命比辛亥革命有什么进步的地方。（由反对封建主义到反对帝国主义反对封建主义）

（二）抗日战争时期

1931年的“九一八”事变后，日本侵华战争拉开了序幕。国难当前，民生多艰，抗日歌曲成为抒发人民对山河破碎哀伤之情的途径。同时，也成为激励人们反抗侵略、保家卫国的精神武器。此时，重要的抗日歌曲有《松花江上》《毕业歌》《黄河大合唱》等。歌曲的内容反映了日军由局部侵华到全面侵华的危机加剧。同时，不同的歌曲从不同角度反映了不同阶层民众的抗日决心。

“九一八事变”后，《毕业歌》《松花江上》等优秀抗日歌曲涌现出来。

毕业歌

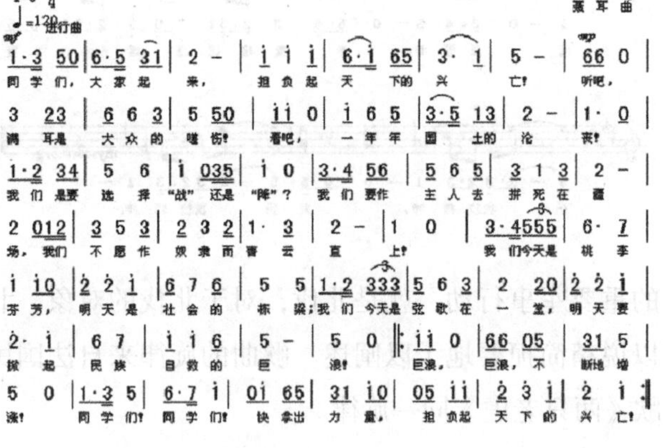

《毕业歌》作于1934年，是电影《桃李劫》中的音乐。影片描写了1931年“九一八事变”后，中国青年学生坎坷的生活道路。《毕业歌》就是影片中一群青年毕业前欢聚一堂时唱的，《毕业歌》的调子昂扬奋发，极具艺术张力和感染力。年轻的激情，爱国的深情，以及二十来岁的人所特有的那种无所畏惧、踌躇满志的精神面貌在歌曲中展现得淋漓尽致。歌曲所表达的一代青年“天下兴亡，匹夫有责”的爱国激情，不仅激励了当时的青年投身抗日救亡，

奔赴抗日前线，也特别能引起现代青年学生的共鸣。

对于歌曲，我们可以做以下的问题设计：

（1）歌曲中反映当时对于抗日有哪两种不同的态度？这两种态度的代表分别是谁？其考虑的出发点是什么？

（2）歌曲中“降”的直接后果是什么？而“拼死在疆场”的又有哪些力量。（“九一八事变”，东北三省沦陷，中共领导东北抗日义勇军等力量继续坚持抗日。）

（3）当时的毕业生，如何才能实现民族自救，请收集相关的人物小故事。而今天的我们，又该如何继续传承这种民族的精神。（开放性问题）

相对于《毕业歌》激昂的旋律，《松花江上》的曲调更加的凝重伤感。歌曲由张寒晖作于1936年，每一个音符，每一句歌词都渗透着国破家亡的悲愤和背井离乡的乡愁。

松花江上

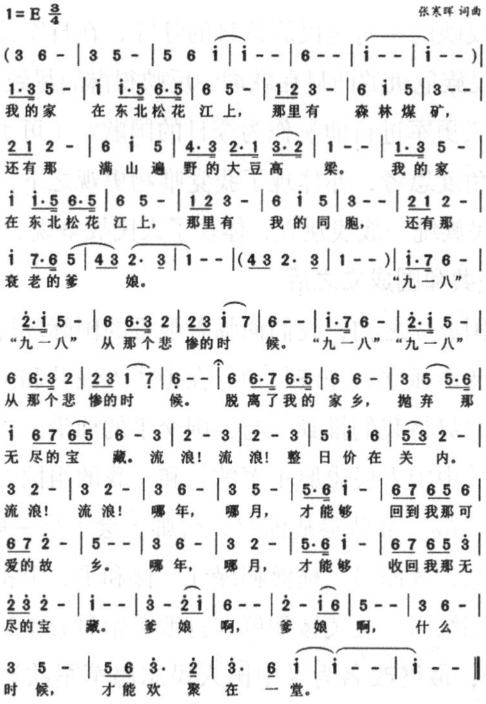

对于《松花江上》的解读，可以设计以下几个问题：

（1）日本为何选择东北作为局部侵华的地方。

（2）东北三省人民的愿望是什么？

（3）国民政府当时采取的措施是怎样的？是否符合民心？

（4）为何当时国民政府放弃了东北？（围剿中共说、曲线救国说）

（5）东北局部抗日的主要力量是谁？

随着日军加紧侵华，对华北虎视眈眈，抗日局势日趋严峻。1934年秋，田汉为电影《风云儿女》写了一首长诗，其中最后一节诗稿被选为主题歌《义勇军进行曲》的歌词，后由聂耳作曲，随着电影的上映，该歌曲很快激起了中华儿女心中的共鸣，广泛传唱。联系《松花江上》和《毕业歌》的歌词，《义勇军进行曲》可以引导学生思考：

（1）为什么中华民族到了最危险的时候？（日军侵略华北、侵略逼近政治中心地带。）

（2）相对于《松花江上》和《毕业歌》对学生的抗日呼吁，《义勇军进行曲》的呼吁对象有什么变化？运用历史知识分析原因。（“把我们的血肉筑成我们新的长城”，反映的是对全民族抗日的呼吁，在日军侵华步伐加快，侵华范围扩大的时候，民族危机的凸显在歌词中反映得淋漓尽致。）

（3）为何将《义勇军进行曲》作为今日的国歌？（可引导学生从我党居安思危，勿忘国耻的角度思考，亦体现了我党唯物史观之下，客观评价抗日战争的胜利，来自抗日民族统一战线建立，体现了人民战争观。）

（三）中华人民共和国成立之后

中华人民共和国成立之初，我们面临着艰难的国际环境。美国保持敌对的立场，军事包围、政治孤立、经济封锁。在中华人民共和国成立的第二年，朝鲜战争爆发，国际局势将我们推到了与美国交手的前沿。以抗美援朝为主题并广泛传唱的歌曲有《中国人民志愿军军歌》和《我的祖国》等。1950年10月，第一批志愿军入朝参战。部队参战前夕，誓师大会上炮一师26团5连指导员麻扶摇写下了“雄赳赳，气昂昂，横渡鸭绿江。保和平，卫祖国，就是保家乡。中华好儿女，齐心团结紧，抗美援朝鲜，打败美帝野心狼！”的誓词。后经改动，并由周巍作曲，最终改名为《中国人民志愿军军歌》。“雄赳赳，气昂昂，跨过鸭绿江。保和平，卫祖国，就是保家乡。中国好儿女，齐心团结紧。抗美援朝打败美帝野心狼！”简短有力的歌词，配上激昂慷慨的旋律，非常容易让学生代入战火纷飞年代的历史场景，感受到革命先辈的豪情壮志。对于这首歌曲，老师可以在播放歌曲后，根据歌词进行以下的教学设计：

（1）在地图上找出鸭绿江的位置，同时根据地图，解释“渡鸭绿江“抗美援朝和保卫祖国之间有什么关系？（学生可以从地理上说明朝鲜与中国唇齿相依的关系。）

（2）回顾历史，找出历史上朝鲜安危与中国国防安全息息相关的例子。（学生可以从甲午中日战争日本以朝鲜为跳板侵略中国为例。）

（3）歌词反映中国抗美援朝的目的是什么？

（4）歌词反映了志愿军怎样的精神？

《我的祖国》是电影《上甘岭》的插曲：“一条大河波浪宽，风吹稻花香两岸。我家就在岸上住，听惯了艄公的号子，看惯了船上的白帆。这是美丽的祖国，是我生长的地方，在这片辽阔的土地上，到处都有明媚的风光。//姑娘好像花儿一样，小伙儿心胸多宽广。为了开辟新天地，唤醒了沉睡的高山，让那河流改变了模样。这是英雄的祖国，是我生长的地方，在这片古老的土地上，到处都有青春的力量。//好山好水好地方，条条大路都宽敞。朋友来了有好酒，若是那豺狼来了，迎接它的有猎枪。这是强大的祖国，是我生长的地方，在这片温暖的土地上，到处都有和平的阳光。”歌词委婉质朴，描绘了祖国山河壮丽、人民生活美好的三幅美丽的图画；前半部曲调委婉动听，反映了人民对祖国的深情与热爱，后半部激昂澎湃，表达了保家卫国的决心与斗志。对于这首歌，我们可以做以下的设计：

（1）歌词的第一段选取“稻花香”作为人民美好的象征，请运用常识和历史知识，评价“稻花香”一词使用的巧妙。（学生可以中国是最早种植水稻的国家、宋词里有“稻花香里说丰年”等角度，发散性地进行合理的评价。）

（2）歌词里“开辟新天地”的标志性事件是什么？新天地新在哪里？(开国大典、社会制度的变化)

（3）“豺狼”指谁？歌曲反映战争的最终目的是什么？（美国、维护和平）

（4）从创作过程来看，《中国人民志愿军军歌》的原稿和《我的祖国》，哪一个的史料价值更高？

1978年十一届三中全会后，我国迎来了改革开放的新时期。在这一时期涌现出来大量的优秀作品，如《春天的故事》《走进新时代》《天路》等，都反映了这一时期的建设成果。

《春天的故事》的歌词，描写了改革开放中的两个关键节点事件：经济特区的设立和92南方谈话。歌词通俗易懂，充满生活气息；旋律优美，朗朗上口。而《天路》则反映了青藏铁路的修建给西藏发展带来的一系列变化，歌曲无论是运用在讲授改革开放的相关内容还是民族大团结的课程内容上，都是十分适合的。

三、具有心理暗示作用的背景音乐

在音乐史上，曾有过一桩著名的“奇案”：人们在听完法国作曲家鲁兰斯·查理斯创作的《黑色的星期天》后，自杀的事件便接连不断地发生。不同的音乐，会带给人们不同的心理暗示，某些音乐会让人情绪低落，伤感不已，但某些旋律又会让人斗志昂扬，积极乐观。在心理治疗上，很多场合音乐都被巧妙地运用。而利用音乐这一特点，我们在一节历史课的视频制作或者最后小结部分，也可根据教学内容和目标的需要，利用音乐引导学生的情绪。下面将做一些简单的小推荐。

1. 低沉伤感类型的背景音乐：如《辛德勒的名单》主题音乐

第二次世界大战是人类历史上一段抹不去的惨痛记忆。在电影史上，关于第二次世界大战的电影很多，美国导演史蒂芬·斯皮尔伯格1993年拍摄的电影《辛德勒的名单》无疑是影响巨大的一部。影片根据德国企业家奥斯卡·辛德勒（Oskar Schindler）与其夫人埃米莉·辛德勒在第二次世界大战期间为保护1200余名犹太人免遭法西斯杀害而不惜倾家荡产的真实历史事件改编。获得第66届奥斯卡金像奖最佳影片等7项金奖，其中包括了最佳配乐奖。简洁的长笛拉开历史的序幕，小提琴奏响出了主旋律，时而明亮，时而低回，如诉如泣，如同展现犹太人的悲惨命运，但却又隐忍而坚定，仿佛黑暗中的星光一般就带着希望。

适用场景：第二次世界大战中德军屠杀犹太人的罪行、南京大屠杀、林肯遇刺、黑人奴隶的悲惨命运等。犹记得十几年前一节公开课上，一位老师在《南北战争》一课的尾声，设计了一个课堂小结——给林肯献花。现场便运用了该乐曲，沉浸于音乐中的学生表情肃穆，若有所思，对林肯遇难的惋惜和林肯个人品格的尊敬溢于言表。

2. 让人热血沸腾的背景音乐：如Victory（托马斯·伯格森）

这是一首火遍全球的纯音乐，具有史诗般的磅礴气势，女声和合唱非常震撼，仿佛千军万马在眼前，让人热血沸腾，征服听众的心。此类音乐，适合用以衬托波澜壮阔的历史场景。

例如，秦始皇统一六国、亚历山大东征、三大战役、改革开放以来取得的成就等。音乐可以作为此类教学内容制作视频，课件、动态地图的背景音乐。如笔者曾经为广东少儿频道录制爱国主义教育课《潮汕人与船的故事》时，便选用了此乐曲，配合汕头改革开放以来变化的图片，制作课堂短视频，学生在音乐的渲染下更感受到家乡翻天覆地的变化，现场激动不已。

3. 鼓舞人心的背景音乐：如《英雄的黎明》（横山菁儿）

适用场景：课堂结尾学生齐声朗读的背景音乐。例如，在学习五四运动的相关内容时，在课堂的结尾，笔者引导学生总结青年在国家生死存亡的关头起到的先锋作用，并引用了梁启超的《少年中国说》的片段“少年智则国智，少年富则国富，少年强则国强，少年独立则国独立，少年自由则国自由，少年进步则国进步，少年胜于欧洲，则国胜于欧洲，少年雄于地球，则国雄于地球。”让学生齐声朗读。但是单纯的文字朗读，并不能完全激发学生的历史责任感。于是我在学生朗读的时候，播放了《英雄的黎明》这首曲子。曲子以圆号的开场，让人感觉到历史的回响，随后的男生吟唱，营造了一种气壮山河的气势，大提琴、小提琴的配合，尽显英雄的情怀与历史的恢宏，最后长号有力的收尾，更将乐曲推向了高潮。学生在背景音乐的推动下，情绪激昂，朗诵得非常的动情。朗读完毕，我总结说：当年五四运动时期的少年，如今已经老去，国家兴亡匹夫有责，当下中华民族的未来，希望在谁的身上？学生眼神坚定、声音洪亮，不约而同地回答：“我们身上！”情感价值的塑造水到渠成。

时代赋予歌曲的歌词和曲风有不同的特色，反映了历史的发展和社会的变迁。不同的旋律，能营造出不同的氛围，也影响整节课的情感基调。我们在选择音乐时，一要根据教学目标和一节课的相应内容和预期的情绪引导设定，细心挑选。音符的魅力，会让一节历史课的情感体验更加的深刻；二要关注学生对音乐的认可程度，音乐的流行度、传唱度也是具有时效性的，如2019年在讲宋词时，使用邓丽君《明月何时有》作为课堂资源，就不如电视剧《知否知否》的主题曲中李清照《如梦令·昨夜雨疏风骤》部分的歌词，更贴近学生当下的生活认知，更能引起学生的兴趣和共鸣。乐为心声，曲中闻折柳，总关故园情。将音乐融入历史课堂，是历史体验和家国情怀的软渗透的一种教学途径，它比起“硬灌”和说教，更能引起学生的情感共鸣。

运用美术、雕塑作品提升学生历史素养

正始中学　陈素爱

历史学科是人文学科，而艺术是每段历史时期的政治、经济、人文乃至社会变革的反映。一个人的人文素养的高低取决于人的历史、文学、艺术、哲学等多方面的积累。所以学习历史一定要重视相关的艺术作品。作为一线历史老师，深有感触的是，由于应试的需要，有关艺术作品，特别是美术作品在历史课堂上基本上一带而过。这和2011年版初中历史课程标准的要求中培养学生的核心素养，重视论从史出的能力，形成健康的审美情趣、提升人文素养等要求是相悖的，而《中学生综合素质评价标准》中，明确要求中学生须有发现并欣赏自然、文学、艺术作品等美的能力。所以如何提升学生在历史课堂的审美能力，如何润物无声地进行美的教育和学科教育的有机融合更是我们要关注的焦点。今天我们以美术和历史的跨学科教学为例，探讨艺术的美融入历史课堂的价值。

一、美术作品在历史课堂的意义

河北昌黎汇文二中的柳征老师认为将艺术融入历史课堂有利于探究学习。沈声文老师认为历史是不可完全再现的，而艺术能用感化的形式使固化的学科生动化。除此之外，美术作品在历史课堂上还有其他的意义。

1. 是了解人类文明的重要体现，是国家的象征

了解任何一个国家的历史，通过建筑艺术最能直观感知。比如，2019年4月15日巴黎圣母院的大火就是法国乃至人类文明的重大损失。而提到埃及，我们最直接的反应是想到金字塔和那些古老的墓室壁画；中世纪的城池与古堡则为我们提供了对无畏且崇高的骑士精神的想象；随着西安临潼兵马俑坑的逐步发掘与研究，当年“秦皇扫六合，虎视何雄哉。飞剑决浮云，诸侯尽西来。明断自天启，大略驾群才。……刑徒七十万，起土骊山隈”（李白《古风五十九首》其三）的情形便历历在目了。罗马斗兽场、印度泰姬陵、北京故宫等，在讲到几大古老文明的时候，哪能缺少这些著名的建筑艺术呢？

2. 是研究史前历史的重要资料

史前时代，文字还没有出现，制作图像的历史已经开始。当然，图像历史的可信性不仅在于它起步早，还在于它蕴藏的特殊文化能量和历史信息可以为人类提供最为深切而又独特的例证，而这部形象的百科全书是无法用文字来替代的。

例如，半坡的人面鱼纹彩陶盆（图1）。盆里的美术图案中，人面呈圆形，口衔双鱼，头上有尖顶穗状物，左右有翅伸展开。盆底钻有圆孔，似乎是供灵魂出入的通道。从人面鱼纹的图形中可以发现半坡人已经能够准确地把握人面和五官等特征。从图案中既能看出半坡人的捕鱼等生活，又看出了他们战胜自然的信心，为我们研究新石器时代仰韶文化以及当时人们的生活形态，提供了极为珍贵的图像资料。

图1　半坡人面鱼纹彩陶盒

3. 是历史变迁的见证者

图2

就算有文献记载的历史，图像也是很重要的史料实证。图像于是被文化史学家布克哈特称作“人类精神过去各个发展阶段的见证”，认为通过图像可以加深对历史变迁的理解。如雕塑艺术中，从石器时代的简陋，到秦始皇陵兵马俑雕塑群的技艺精通，到汉代的霍去病墓石雕群的雄浑气魄，到魏晋南北朝的四大石窟和唐朝龙门石窟的雕塑艺术的娴熟，到宋代的宗教雕塑的不精不诚不能动人，到元代佛像雕塑群的返璞归真，乃至明清的故宫、天坛的精华荟萃等，就是一部可以触摸的历史。而有学者曾言，“千言万语不及一张图”。在图像与历史的关联之中，历史画具有鲜明的时代性，是一种特别的表述历史信息的方式。汉服近几年很流行，从一系列不同朝代的中国服饰图片中（图2），我们了解了汉服的演变，从秦汉时的凝重到唐的开放艳丽，从宋朝的质朴素雅到元的粗放，再到明的华贵，其特点乃至式样无不反映了不同朝代的政治、经济和思想理念审美观的变化。古人云“留乎形容，式昭盛德之事；具其成败，以传既往之踪”，指的就是历史画的功用。

4. 培养民族自信心

图3　张骞出使西域（敦煌壁画）

英国的拉斯金曾指出，伟大的民族是以行为、语言和艺术三种方式撰写着自己的传记，并精辟地指出这三种传记中艺术最值得信赖。历史事件会随时间的流逝而被人们淡忘，历史绘画则可能会持续唤醒人的记忆和感觉。例如，开国大典的油画、人民英雄纪念碑的浮雕，使历史重大事件如此深入人心。壁画《张骞出使西域》等画作（图3），使历史人物逸事与依附于故事的叙事情节还会如此清晰地留在当代普通人的心目中。如果没有顾闳中的《韩熙载夜宴图》，今天有几个人能想起五代时期韩熙载的忧郁与寡欢？不胜枚举的实例说明，历史画有可能比作为绘画题材的历史更能传之久远。有鉴于此，国家政府层面近年来大力倡办重大历史题材美术创作工程，这与国家对历史的叙述的迫切需要联系在一起。所以，美术作品也是培养学生民族自信的重要途径。

5. 艺术熏陶，有利于立德树人

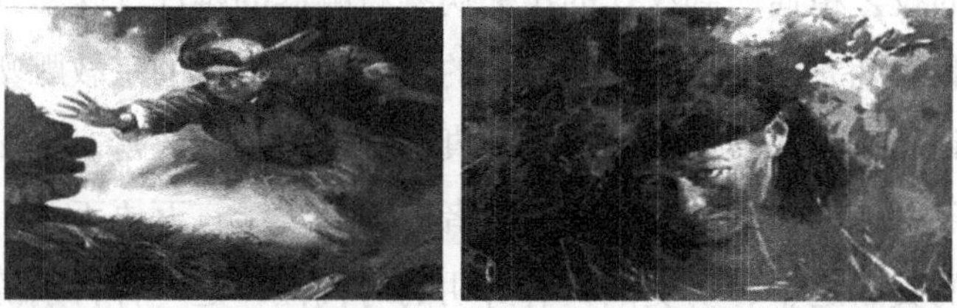

图4 黄继光、邱少云

历史课堂上利用一些美术作品，学生喜欢，又直观。很多美术作品让我们的视觉获得淋漓尽致甚至意眩神迷的体验，正如鲁迅先生在《摩罗诗力说》中所说“一切美术之本质，皆在使观听之人，为之兴感怡悦”。而美术更崇高的使命是从情操上陶冶人、提高人，帮助人们形成健康的价值观念。《抗美援朝》一课中，黄继光、邱少云的图片（图4）让我们感受到最可爱的人身上的高贵品质。这种作品极大地影响了欣赏者的价值观。

6. 有利于培养历史理解能力

例如，对文艺复兴时期美术作品的分析，学生学会了历史理解、史料实证等能力。对拉斐尔的圣母像、达·芬奇的《最后的晚餐》《蒙娜丽莎》的鉴赏，我们发现它体现了文艺复兴时期的艺术作品和中世纪美术作品在比例、颜色、神情等方面的不同，体会出了作品的人文主义思想内涵。这比用枯燥的文字对人文主义的表述容易理解。

二、美术在历史课堂的运用

1. 设为引入，调动兴趣

初中生是好奇宝宝。在初中的历史课堂上，恰当地运用美术作品的鉴赏分析，一方面能打破历史学科沉闷的一面，另一方面能使学生以赏心悦目的好心情进入课堂。例如，在讲到部编教材七年级第十二课《宋元的都市生活和文化》时，《清明上河图》画卷一打开，一幅繁荣的都市全景图跃然纸上。之后从总体感觉再到细节了解，通过引导学生具体鉴赏每个细节，宋代人的衣、食、住、行、娱乐等基本情况都引出来了。

衣：修身适体、直领、对襟。（图5）

图5　清明上河图局部

饭馆：经营正规的称为“正店”，脚店当为大众一些的饭馆。（图6）

图6 《清明上河图》局部

住：乡村茅屋和城市的瓦房、达官宅舍。（图7）

图7 《清明上河图》局部

行：轿子、牛车、驴、骡、马等。（图8）

图8 《清明上河图》局部

娱乐：说书、算命等。（图9）

图9 《清明上河图》局部

这一课如果能由同学们试着临摹《清明上河图》中某些感兴趣的画面，那么就既能提升学生的鉴赏能力，又能更深入地体会到宋代的都市生活。

但画中关于宋朝的娱乐很少，如蹴鞠、马球、荡秋千等没有显现，反而出现调头的惊马、无序的街道、失守的城墙、桥下的险情、酗酒的氛围，这是作者有意还是无意为之呢？这些情景也可以引发学生的探究。

2. 和历史时空相结合

例如，《法国大革命》的几幅图片。（图10）

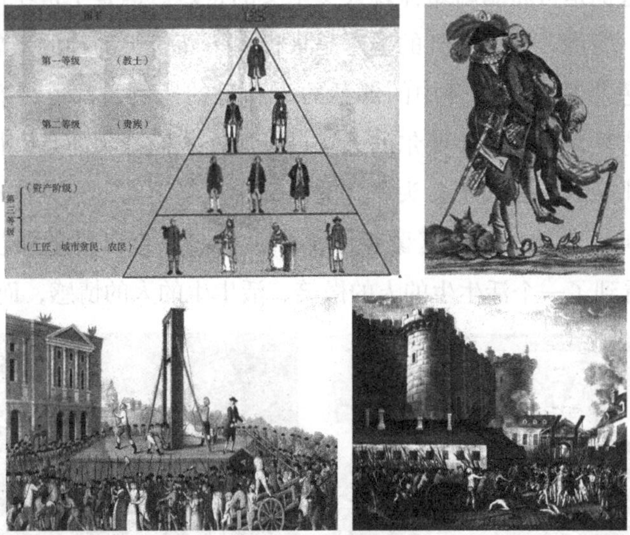

图10 法国大革命

可以通过以上几幅图分析出：由于“等级制度图”中等级森严，所以我们看到被“压迫的老农”，人民在封建专制压迫之下才有了“攻占巴士底狱”的行为，最后正是人民把“路易十六送上断头台”。这样，一方面学生了解了法国大革命的进程如何步步推进，另一方面各事件的因果关系也明明白白，同时能得出人民是法国大革命的主力军这一结论。

3. 和重难点突破相结合

图11

还是《文艺复兴》一课，如何让学生理解本次运动的核心是弘扬人文主义，是一个难点。老师可以通过美术作品的鉴赏达到目的（图11）。在2019年的高考数学题中，维纳斯的黄金比例题引起了大讨论。断臂维纳斯雕塑反映的是真实的古希腊妇女的典型特征，其黄金分割比例的运用充分体现了人体匀称协调的美，这也是古希腊雕塑体现人文主义的特点。但是中世纪的美术作品，以《圣母子》为例，我们看到的圣母是呆板、不苟言笑的神的形象，无论从人物表情还是色彩甚至圣母怀中的耶稣的头和身的比例，都可以看出不是正常人。到了文艺复兴时期，拉斐尔的《圣母子》，我们看到的是女性美和慈爱的母性美，而耶稣的头变大了，头和身的比例也恢复正常，充分体现了以人为中心，而不是神话人物。名画《蒙娜丽莎》，达·芬奇以科学和艺术结合的形式，让我们看到了一个活生生的人的微笑、活生生的人的情感，而不是神。

图12 《最后的晚餐》

再如，达·芬奇《最后的晚餐》，其与中世纪的《最后的晚餐》再现的内容是相同的（图12），但因为形式处理(构图、色彩、人物造型、神情、透视等)不同，加上达·芬奇利用其解剖学知识处理人物的动作，使其作品达到了无人能及的水平。该画透视焦点居中，呈一种对称式构图，加之空间处理的平板装饰性，给人一种平静稳定之感，而平静中，十二门徒的动作、表情各异，使鉴赏者犹如进入当时那个动态情境及各自内心，而对犹大动作和色彩上灰暗色的处理等，使鉴赏者能猜出叛徒是谁，其作品明显突出人文主义，这些都可以让学生通过观察比较分析出来，更有利于突破本课的难点。当然，关于达·芬奇名画，最近几年有很多研究和猜测，很多同学对达·芬奇密码很感兴趣，这也可以在课堂上进行讨论。

4. 和培养家国情怀相结合

图13 《格尔尼卡》

以法西斯纳粹轰炸西班牙北部巴斯克的重镇格尔尼卡、残暴杀害无辜的事件而创作的立体主义画作《格尔尼卡》（图13），黑白灰的色调充满悲伤恐怖的情绪，杂乱中我们看到代表法西斯的公牛，代表人民的受伤挣扎的马，举着灯的自由女神和战争中的人民，支离破碎的手脚、绝望的眼神、手握的武器等，都是对法西斯罪行的控诉。广州的高慧老师用动画的形式把名画分成数个小镜头，再配上哀伤的音乐，看者无不动容。这就是艺术的魅力。

三、美术运用的注意事项

1. 表象和内涵相结合

美术作品的运用过程中，对作品的解读要把作品所产生的背景、形式和表象，表象背后的作者意图相联系。何成刚研究员等学者将其称之为图像的生产场域、自身构成场域和社会传播场域的有机结合。

2. 优先利用教材插图

教材的插图是经过反复考证，专家精挑细选出来的，都能较好地为历史课堂服务，所以要优先利用好教材的插图。但由于时间有限，也不一定要所有插图都用。

3. 合理性原则

美术作品的运用要注重多样性、适度性、真实性和探究性。美术作品的运用是为历史课堂服务的，所以不能喧宾夺主，一方面要注意课堂氛围的渲染，对艺术的认识；另一方面要能真实反映历史，培养学生的学科素养。所以对作品的筛选要辨伪和考证，避免断章取义和碎片化。八年级《鸦片战争》一课，《南京条约》签订图中（图14），清朝官员没有穿官服出席，如此严肃的场合不合常规，所以该图真假引起质疑，这样的图片老师可以提出自己的观点，引起学生探讨，而不能独家之言。

图14 《南京条约》签订图

4. 提升教师自身的鉴赏能力

马克思说过“如果你想欣赏艺术，你必须成为一个在艺术上有修养的人”，只有老师学会了有艺术修养，懂得欣赏艺术作品，才能有能力正确引导学生进行恰当的鉴赏和提升历史学科素养。这对历史老师来说就是要有不断学习的精神。

总之，在中学历史课堂上，对艺术作品的鉴赏和运用是很有必要的。无论是对艺术美的熏陶还是人文素养的养成，抑或是历史学科素养的提升，都大有裨益。历史老师只有合理地利用好相关的艺术作品，才能潜移默化地更好地践行育人的任务，提高学生的综合素质。

参考文献

[1] 张克州，何成刚.看清表象 洞悉意象：谈统编历史教科书图像的解读与运用［N］.中国教育报，2019 .

[2] 沈声文.运用历史图片辅助历史课堂教学［J］.时代教育，2013（20）.

[3] 柳征.论历史课堂运用艺术材料的几点原则［J］.考试周刊，2014（30）.

[4] 罗一平.历史与叙事：中国美术史中的人物图像［M］.广州：岭南美术出版社，2016.

[5] 慕容小红.图像与历史 解读美术家笔下的虎门［M］.南宁：广西美术出版社，2017.

[6] 贺瀚.美术鉴赏［M］.重庆：西南师范大学出版社，2010.

[7] 李新生.永恒艺术魅力的探寻：中西绘画鉴赏比较［M］.北京：文化艺术出版社，1999.

案例1 北伐战争

（部编版初中历史八年级上册第15课）

正始中学 陈素爱

【教学目标】

（1）了解和掌握黄埔军校的建立，北伐战争的目的、主要对象、主战场的重要战役，北伐战争胜利进军的原因，国民革命运动的失败，南京国民政府的建立。

（2）通过欣赏和分析一首首歌曲，学生能探究歌曲背后的历史故事及歌词表达的历史内涵，提升历史时空观念、历史理解和历史解释等能力。

（3）学生能认识到共产党始终把国家、民族的利益作为自己的奋斗目标，并不惜为之献出自己的生命；能认识到北伐战争是中国各革命阶级参加的反对帝国主义反对封建主义建的正义战争，它的胜利是国共合作的重要成果；了解中国革命的艰巨性和曲折性，培养学生为理想而奋斗的坚强意志。

【学情分析】

八年级的学生经过一年多的历史学习，已初步掌握了学习历史的基本方法，但是自主学习、合作探究能力还有待提高，因此课上通过跨学科融入音乐进行情境创设、歌词问题探究设置，演唱等可激发学生的学习兴趣，鼓励他们大胆进行质疑、动口，培养学生自主、合作学习的良好习惯。

【重点难点分析】

1. 教学重点

北伐战争胜利进军。

2. 教学难点

国共合作的原因、北伐战争胜利进军的原因和国民革命失败的原因。

【教学过程】

（一）导入

师：上课，同学们好！今天的历史课，我们从学习《国际歌》（节选）开始（一位同学领唱），1923年6月20日是中国共产党某次全国代表大会的最后一天，全体代表集中在黄花岗烈士陵园唱《国际歌》。“英特纳雄耐尔就一定要实现”，歌声雄壮，黄花作证，会议在嘹亮的《国际歌》声中闭幕了，从此在党的全国代表大会闭幕式上唱《国际歌》就成为传统，这一传统延续至今。

展示瞿秋白版歌词。

起来，受人污辱咒骂的！起来，天下饥寒的奴隶！满腔热血沸腾，拼死一战决矣。旧社会破坏得彻底，新社会创造得光华。莫道我们一钱不值，从今要普有天下。

不论是英雄，不论是天皇老帝，谁也解放不得我们，只靠我们自己。要扫尽万重的压迫，争取自己的权利。趁这洪炉火热，正好发愤锤砺。

只有伟大的劳动军，只有我世界的劳工，有这权利享用大地；那里容得寄生虫！霹雳声巨雷忽震，残暴贼灭迹销声。

看！光华万丈，照耀我红日一轮。这是我们的最后决死争，同英德纳雄纳尔人类方重兴！这是我们的最后决死争，同英德纳雄纳尔人类方重兴！

探讨：

（1）这是中国共产党召开的第几次全国代表大会？在什么背景下唱响了《国际歌》？大会的主要内容是什么？

（2）唱响《国际歌》的意义是什么？

生：（回答）

师：中国共产党第三次全国代表大会做出了实行国共合作的决定。唱响《国际歌》充分表现了革命无产阶级不屈的豪迈气魄，《国际歌》也表明共产党人忧国忧民的崇高精神，可称为共产党人的精神生命之歌。当今唱响《国际歌》就是要让每一名中国共产党党员时刻铭记我们是从哪里来的，要到哪里去，铭记这种国际主义的精神，只有这样才能永葆共产党人的精神信仰。

师：历史上第一次国共合作即将开始，1924—1927年国共合作期间，史称国民革命时期，国共合作后开展了国民革命运动，其重头戏就是北伐战争。（引入课题）

（二）新授课

1. 第一次国共合作的实现

展示材料：

材料一：工人阶级尚未强大起来，自然不能产生一个强大的共产党——一个广大群众的党，以应目前中国革命之需要。……依中国社会的现状……中国现有的党，只有国民党比较是一个革命的党。

——中共三大宣言

材料二："国民党正在堕落中死亡，因此要救活它，就需要新的血液。……盖今日革命，非学俄国不可……我党今后之革命，非议俄为师，断无成就。"

——孙文

师：北伐战争的出现，是建立在国共两党能够合作的基础上的。大家先看屏幕，请大家根据两段材料和课本第70页第一段正文，以小组讨论的形式，分别从国共两党自身出发来分析两党能够进行合作的原因。

生：（回答）

师：为了共同的目的，两党走到了一起。而标志国共第一次合作的是国民党一大的召开。请从教材中找出国民党一大召开时间、内容、国共合作的形式。

生：（回答）

师：注意新三民主义的内容，而合作的形式是共产党员以个人身份加入国民党，保证了共产党在政治上和组织上的独立性。不久，一个著名的学校诞生了。

2. 国共合作的成果——黄埔军校的创立

小组合唱：《黄埔军校校歌》

歌词：怒涛澎湃，党旗飞舞，这是革命的黄埔！主义须贯彻，纪律莫放松，预备做奋斗的先锋！打条血路，引导被压迫民众。携着手，向前行；路不远，莫要惊。亲爱精诚，继续永守，发扬吾校精神，发扬吾校精神。

根据歌词结合课本探究：

（1）军校建立的背景是什么？

（2）军校的全名是什么？建立的地点在哪里？学生要发扬什么“精神”？

（3）黄埔军校的校长和政治部主任分别是谁？从他们的身份说明了什么？

（4）孙中山先生为什么要创建这样一所学校？

师：在国共合作实现之后，直接的成果就是创办了我国第一所培养革命军队干部的军官学校。

师：黄埔军校成立的时间、地点、名称、领导人、目的及作用分别是什么？

生：（看书并回答，答略。）

师：在黄埔军校的领导层中大家特别注意政治主任是谁？对，就是意气风发，当时年仅二十六岁的周恩来。

师：请同学们注意：周恩来是以什么身份加入黄埔军校的？

生：以共产党员身份加入的。

师：可见黄埔军校的性质是怎样的？

生：一所国共合作之下的军官学校。

师：那么，孙中山为什么要创办黄埔军校呢？

生：为了革命、为了培养奋斗的先锋。

师：请大家看当时孙中山办黄埔军校的宗旨：（展示）“开这个军官学校，独一无二的希望就是创造革命军，来挽救中国的危亡！”所以具体地说办校是为了什么？

生：创造革命军。

师：为什么要有自己的军队？

生：孙中山先生认识到过去自己进行革命斗争过程中，所依靠的对象只是旧军阀，始终没有自己的革命军队，这是革命失败的原因之一，所以他希望通过黄埔军校创造革命军，挽救中国的危亡。

师：请同学们一起来看黄埔军校的门上的这副对联：上联——“升官发财请往他处”，下联——“贪生怕死勿入斯门”，横批——“革命者来”。

从办学宗旨和校门口的对联可以看出：黄埔军校是比较注重对学生的政治思想教育的，也正是因为重视思想教育，使得从黄埔军校毕业的学生不仅有着比较高的战争素养，同时也具备比较坚定的政治素养。由此我们归纳出黄埔军校创立的作用是什么？

生：培养军事政治人才。

师：黄埔人要有革命精神、讲纪律、勇做先锋等精神。今天我们作为学生需要什么精神呢？

生：讲纪律、爱国、有担当。

师：作为当时四大名军校之一的黄埔军校，为国民党为共产党都培养了大批的优秀军事政治人才。在中华人民共和国1955年授衔时十大元帅之中就有四人在黄埔军校学习或任职过，分别是聂荣臻、叶剑英、林彪（黄埔四期的毕业生）、徐向前（黄埔一期），将军以上的有31人，因此黄埔军校被称为“将军的摇篮”。

师：黄埔军校创立不久，广东国民政府创建，定都广州，国民革命军成立，国民革命运动轰轰烈烈地开展。

3. 国共合作的成果——北伐战争

师：20世纪20年代最流行的歌曲是《国民革命歌》，大家有没兴趣学学？展示（两只老虎版），全班齐唱：

打倒列强，打倒列强，除军阀，除军阀。努力国民革命，努力国民革命，齐奋斗，齐奋斗。工农学兵，工农学兵，大联合，大联合。打倒帝国主义，打倒帝国主义，齐奋斗，齐奋斗。打倒列强，打倒列强，除军阀，除军阀。国民革命成功，国民革命成功，齐欢唱，齐欢唱。

师：黄埔人唱着《国民革命歌》，开始了国民革命，东征打败了军阀陈炯明。现在请分组根据歌词提取有效信息，找出国民革命运动的目的、参与者、结局。结局是否如歌词所唱。

生：（回答）

师：国民革命运动的高潮是北伐战争。1926年，国民革命军十万大军在广州誓师北伐，部队高唱《国民革命歌》，在几个月的时间内，势如破竹。请结合《北伐战争形势示意图》《北伐战争进军示意图》探讨：

（1）北伐的目的是什么？

（2）北伐是什么时候开始的？

（3）北伐战争的主要对象是谁？

（4）北伐战争作战方针是什么？

（5）北伐取得的战果是什么？

（6）北伐战争取得节节胜利的原因是什么？

生：（回答）

师：目的是为了推翻帝国主义支持的北洋军阀统治，统一全国。吴佩孚、孙传芳、张作霖三派军阀是帝国主义在华势力和中国封建统治的代表，他们拥兵自重，统治着中国大部分富庶的地区，因此是首先要消灭的对象。

师：吴佩孚占领了中国中部的湖南、湖北、河南和直隶（陕西和河北）的一部分地区，兵力有20万；孙传芳占领了中国东南部的江苏、江西、安徽、浙江和福建一带，兵力也是20万，号称为五省联帅；而被称为东北王的张作霖则占领了东北部的黑龙江、吉林、辽宁、热河、北京和天津地区，兵力有35万。而北伐军只控制中国南部的广东、广西两省和湖南一部分，兵力仅10万。我们可以从中知道三派军阀和国民革命军的力量对比是怎样的呢？

生：敌强我弱。

师：而敢以10万人去讨伐数倍于自己的旧军阀也体现了当时北伐军的什么精神？

生：革命大无畏精神，更体现了北伐军摧毁旧社会拯救民族于水火的民族担当。

师：当然在敌强我弱的形势下，也要讲策略，同学们你们说国民革命军该如何打？是不是停下来继续招募更多的革命军，然后再打？还是有其他战略方针呢？那应该先打哪个？强的还是弱的？

生：弱的。集中优势兵力各个击破。

师：大家还要注意地理位置，谁离广东国民政府最近？

生：（回答。）

师：所以最优策略可能是？

生：先打离广东国民政府比较近的军阀，然后再打离得远的军阀。制定了集中优势兵力、各个击破敌人的作战方针，先进攻力量最为薄弱的吴佩孚主力；然后挥师向东，消灭孙传芳，最后北上进攻实力最强的张作霖。

师：在这个作战方针指导下，北伐军是如何进军的？现在请一位同学来简单介绍一下。

生：（回答。）

师：（联系北伐战争形势示意图，让一个学生指出北伐战争的路线。）第一条路线：北伐军从广东出发，经过湖南、湖北，在湖北打了汀泗桥和贺胜桥战役，沉重打击了敌军。在武昌消灭了吴佩孚主力。这里特别要提一下北伐名将叶挺，作为北伐的先锋，第四军叶挺独立团中，有85%的官兵为共产党员、共青团员，他们作战勇敢，不畏牺牲，正是他们为第四军赢得“铁军”的称号。叶挺的高贵精神品质，我们可以从他的诗歌看出来。一位同学独唱歌曲《囚歌》。

囚歌

作者：叶挺

为人进出的门紧锁着，
为狗爬出的洞敞开着，
一个声音高叫着：
爬出来吧，给你自由！
我渴望自由，
但我深深地知道——
人的身躯怎能从狗洞子里爬出！
我希望有一天，
地下的烈火，
将我连这活棺材一起烧掉，
我应该在烈火与热血中得到永生！

师：可以看出共产党人身上的什么精神？

生：救民族于危亡，谋中国千家万家之幸福，为理想信念不怕牺牲的精神。

师：这就是习主席教导我们时刻铭记的家国情怀。

师：灭了吴佩孚主力后，北伐军接着向东进攻，在江西消灭了孙传芳主力，继续攻打到南京。另一路北伐军由福建打进浙江，一直打到上海。1927年4月，挥师北上攻打张作霖的军队。不到半年，北伐军就如秋风扫落叶一般扫荡了大江南北的军阀势力。把革命势力从珠江流域发展到了长江流域。广东国民政府迁都武汉。

师：而在北伐胜利进军的同时，工农运动也在蓬勃发展，在共产党领导下，广东、湖南、湖北、江西等省广大农村，到处燃起革命的烈火。著名的农民运动家彭湃在广东海陆丰进行轰轰烈烈的农民运动。在城市里，上海工人先后发动三次武装起义，前两次因准备不足而失败，1927年3月，上海工人第三次武装起义取得胜利，并迎接北伐军进入上海。

师：北伐战争胜利的原因主要有哪几个方面？

生：第一，方针的正确；第二，国共两党的齐心协力；第三，官兵的浴血奋战和共产党员的先锋模范作用；第四，工农群众的配合和支援。

4. 国共合作的失败：国民党“左”派叛变革命，大革命失败

师：北伐胜利进军，国民革命一时是风起民拥，但是1927年后，《国民革命歌》却突然销声匿迹了，究竟发生了什么呢？请大家探讨。

生：蒋介石、汪精卫叛变革命。

生：“四一二”反革命政变发生了。国民革命遭受失败，国共合作失败。

师：因为北伐的节节胜利，特别是工农运动的蓬勃发展一方面展现了人民群众和共产党的巨大力量，但同时也让大资产阶级、大地主感到深深的恐惧，于是在帝国主义的支持下，蒋介石和汪精卫利用自己手里掌握的大量武装，用欺骗屠杀的手段对革命群众动了手，对中国共产党动了手，这就是“四一二”政变和“七一五”政变。一时之间，大批的优秀的共产党员和革命的群众躺在了血泊之中，我党早期的优秀领导骨干李大钊等同志也惨遭杀害，而之前一直以国民党“左”派面目伪装自己的汪精卫等人甚至公开叫嚣：“宁可错杀一千，不可使一人漏网。”至此，第一次国共合作也随之破裂，轰轰烈烈的国民革命失败。

5. 南京国民政府建立

师：蒋介石叛变革命后，距离他发动“四一二”反革命政变，仅仅过了6天后，他就在南京成立国民政府。让我们一起来了解一下这是个怎样的政府。请同学们自己阅读课本找出该政府成立的时间、地点以及性质是什么？

生：（自主学习。）

师：通过分析南京国民政府实行的对内对外政策，我们认为中国人民反对帝国主义反对封建主义建的革命任务完成了吗？中国半殖民地半封建的社会性质改变了吗？

生：没有。

师：正因为北伐的民主任务未完成，中国的社会性质也没最终改变，所以我们说国民革命最终是失败了。

师：南京国民政府成立后，使当时的中国出现“三足鼎立”的局面，即汪精卫的武汉国民政府、蒋介石的南京国民政府、张作霖的北洋军阀政府。1927年，武汉国民政府和南京国民政府合并，史称“宁汉合流”，合并后的南京国民政府进行了北伐，张作霖败退到东北，后被日本侵略者炸死，少帅张学良不顾日本侵略者的反对，从国家和民族利益出发，归顺了南京国民政府。至此，南京国民政府从形式上统一了全国。

师：我们看到旧军阀在北伐中被打垮，但是又出现了以蒋介石为代表的新军阀。北伐并没能最终改变中国半殖民地半封建社会的性质，所以我们才说国民革命最终失败了。

师：1930年，阎锡山联合冯玉祥攻打蒋介石，《国民革命歌》被重新填词为《打老蒋》，它反映了什么政治状态？

打倒老蒋，打倒老蒋，锄军阀，锄军阀。革命一定成功，革命一定成功，齐欢唱，齐欢唱。

生：新军阀为夺权而混战。

师：后来，共产党又重新填词，改为《土地革命歌》，它又反映了什么呢？

打倒土豪，打倒土豪，分土地，分土地，我们要做主人，我们要做主人，真欢喜！真欢喜！

生：共产党忧国忧民的情怀。

结束语：一首《国民革命歌》的演变见证了中国革命的发展历程。直到1949年，中国共产党领导的人民解放战争最终胜利，推翻了南京国民政府的统治，才最终完成了反对帝国主义反对封建主义建的最终任务。所以我们以前常说的“只有共产党，才能救中国”不是一句空口喊出来的苍白口号，而是在中国近代革命史当中，共产党人用无数同志的血与泪书写出来的。大革命虽然让我们党的革命事业暂时受挫，但是年轻的共产党人觉醒了，懂得了枪杆子的重要性。1927年8月1日，中国共产党人发动了震惊中外的南昌起义，打响了中国共产党领导下武装反抗国民党反动派的第一枪，中国革命迎来了新的篇章。

【设计意图】

作为一节普通的探究课，通过学唱《国际歌》引入的形式调动学生的兴趣，培养国际意识，通过《黄埔军校校歌》了解黄埔军校的创立目的及精神，引导学生明白自己的使命和担当。通过共唱生动活泼的《国民革命歌》贯穿北伐的过程，培养学生在特定历史背景下的历史分析和时空观念、历史理解等核心素养，通过《囚歌》等培养学生爱国爱党的家国情怀。总之，用音乐的形式串起整节课，一改本课的沉闷气氛，学生也能积极动起来并参与思考，有利于学科核心素养的落实。

案例2 文艺复兴运动

（部编版初中历史九年级上册第15课）

正始中学 陈素爱

【教学目标】

（1）了解文艺复兴这一史实，理解其产生于意大利的原因；理解文艺复兴的核心：人文主义，肯定人的尊严和价值。

（2）通过探源文艺复兴的背景，培养根据史料分析历史问题的能力；通过感受文艺复兴时期的作品，学会感知历史风物、分析历史及历史理解能力。

（3）鉴赏优秀文艺作品，学会一定的发现美、鉴赏美的方法。

【学情分析】

经过两年的历史科学习，九年级学生具备一定的历史思维能力，但是过于抽象的概念，如人文主义、资本主义萌芽等比较难理解，对艺术的鉴赏能力也比较缺乏，所以考虑从增加史料和艺术作品等方式比较直观地使学生能从感性认识化为理性认知，从形象到抽象。

【教学重难点】

1. 教学重点

文艺复兴的内容及代表人物。

2. 教学难点

对作品的鉴赏及人文主义的理解。

【教学过程】

（一）导入

师：同学们，不知不觉，我们已经进入到第三年的初中生活了，学习是辛苦的，而努力一定会有回报，大家有没有考虑过中考胜利后怎样犒劳自己啊？

生：（回答。）

师：说到旅游，老师最想去的是意大利。最近我看了很多篇游记，被意大利的建筑和雕塑深深吸引了。（展示建筑和雕塑图片）我想去看看佛罗伦萨领主广场、乌菲兹美术馆、梵蒂冈圣彼得大教堂，想看看大卫像、达·芬奇像、拉斐尔的圣母玛利亚，看看但丁的故居，那里曾被誉为“中世纪的雅典城”“文艺复兴的瑰宝”。那里也是著名的美术三杰达·芬奇、米开朗琪罗、拉斐尔的故乡。那是文艺复兴运动发祥地，一个新时代开始的地方。今天的历史课就让我们走进14、15世纪的意大利，探寻当时文化、思想繁荣的足迹，了解当时那场文艺复兴运动。

（二）讲授新课

1. 文艺复兴出现的背景

师：文艺复兴，其本意是复兴古希腊罗马文化。14世纪前后文艺复兴运动在意大利出现，一直持续到16世纪。请看材料。

材料一：契马布埃出生在13世纪的意大利，当时欧洲仍处在黑暗幽长的中世纪，社会各方面发展缓慢，唯有基督教才是真理，大家都恪守着教义过日子，不但没什么乐子，而且时时还有生命危险，如不及时忏悔，周五吃了肉，都要受到惩罚。

材料二：对宗教持怀疑态度的人，在那个时代被称为异端，他们会被专门审判异端的机构——宗教裁判所羁押，受到鞭打甚至是处以火刑。著名的科学家布鲁诺、伽利略等都是其受害者。

材料三：14世纪时，意大利中、北部出现了资本主义萌芽，崛起的商人阶级由于拥有财富而创造了为财富服务的新思维，提出了关照人的生命与尊严的价值观。

材料四：古希腊、古罗马文化的传统更多地保留在意大利。……而且意大利各城市同拜占庭、阿拉伯一直有着经济和文化上的联系。因此意大利人更容易接触古希腊手稿和艺术古迹。

——选自岳麓版教材（第一版）

探讨：

（1）材料一、二反映了中世纪人们怎样的生活状态?

（2）材料三、四可以看出14世纪文艺复兴最早在意大利出现的原因是什么?

（3）根据以上材料，可以看出文艺复兴的形式、内容、目的是什么?

生：（回答。）

师：从5世纪到14世纪西欧社会，我们一般称之为中世纪。我们看到的中世纪人们的生活状态可以用哪些词形容呢?

（板书：神权至上、盲目顺从、黑暗、没什么乐子、压抑。）

师：意大利是资本主义萌芽最早产生的地方，以佛罗伦萨为例，佛罗伦萨是当时欧洲最著名的手工业、商业和文化中心，在1338年已拥有200多家毛织业工场。在13世纪末，佛罗伦萨的钱庄、银行已遍设西欧各大城市，在西欧货币市场上取得了支配地位，新兴资产阶级产生了，他们认识到自我的价值，对神权至上开始质疑和反对。资本主义萌芽后的社会状况是文艺复兴的“源”；文化上，意大利是古代希腊、罗马文化的发祥地，经济发展得好也吸引了大批文化名人，有文化传承的可能。由于经济的发展，推动新兴资产阶级出现，推动了思想运动的革命。说明了三者什么关系?

生：经济是基础，影响政治和思想。

2. 文艺复兴的内容

师：可以看出，文艺复兴就是新兴资产阶级为表达自己的主张，通过复兴古希腊罗马文化的形式进行的思想解放运动。宣扬的核心内容是什么呢?

生：人文主义。

师：即要求以人为中心，而不是以神为中心。（板书：人文主义。）

师：可以看出文艺复兴是否只是古希腊罗马文化的复兴？

生：不是，主要宣扬的是新思想。

师：所以说文艺复兴的实质是什么？

生：资产阶级的思想解放运动。（板书：宣扬新思想。）

师：那这时期的复古的文化创作集中在什么领域？我们看看教材。

生：文学和美术。

师：美术又包括绘画、雕塑等。今天，我们就从雕塑、绘画和文学这三个方面来认识几位代表人物及其作品如何表达人文主义。

3. 文艺复兴的表现

（1）雕塑

师：14世纪，有一座雕塑，它的出土与修复使整个意大利都为之震惊！当时伟大的雕塑家米开朗琪罗甚至惊呼这是一件“不可思议”的作品！幻灯片显示图片希腊群雕《拉奥孔》（图1）今天我们看来未必“不可思议”的作品，为什么会引起震惊呢？

图1

不比不知道，一比吓一跳。我们看看中世纪的雕塑《光环中的基督和六使徒》（图2）及《夏娃》（图3）。

图2

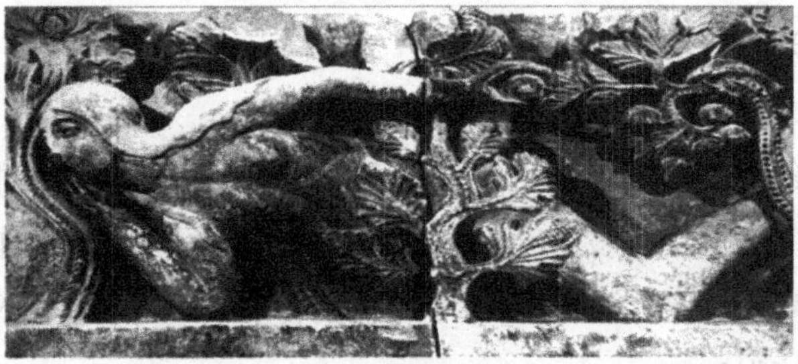

图3

探讨：中世纪和文艺复兴时期的雕塑作品有何区别？

提示：雕塑作品鉴赏的方法：

1）可以从雕塑的艺术语言，即形体、影像、结构、材质等几个方面来分析、评价作品。

2）可以从雕塑审美的三个层次，即外表美、风格美、寓意美来分析、评价作品。

3）还可以从雕塑的各自特点及其比较方面来分析、评价这件作品。

生：（回答。）

师：中世纪的雕塑非现实、夸张、扭曲、神秘感和宗教感强。从《拉奥孔》中我们看到了与以往不同的是大胆关注了人的力量美、人的情感、人性。这就是文艺复兴的核心内容“人文主义”。

师：2019年有两件大事引起了我们历史老师的热烈讨论。一是一道高考数学题关于维纳斯的黄金分割比例（图4）。二是巴黎圣母院的大火，有人哀叹它的黄金比例不再。在古希腊雅典的许多作品中，讲究黄金比例、讲究人体美的作品很多，如《持矛者》（图5）。

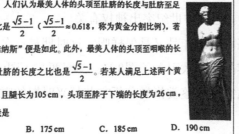

古希腊时期，人们认为最美人体的头顶至肚脐的长度与肚脐至足底的长度之比是$\frac{\sqrt{5}-1}{2}$（$\frac{\sqrt{5}-1}{2}\approx0.618$，称为黄金分割比例），著名的“断臂维纳斯”便是如此。此外，最美人体的头顶至咽喉的长度与咽喉至肚脐的长度之比也是$\frac{\sqrt{5}-1}{2}$。若某人满足上述两个黄金分割比例，且腿长为105 cm，头顶至脖子下端的长度为26 cm，则其身高可能是

A．165 cm　B．175 cm　C．185 cm　D．190 cm

图4

图5

但是中世纪呢？很多作品是这样的，展示《圣母子》（图6）、《最后的审判》（图7）教堂装饰壁画，同学们看出有何不同吗？为什么会这样？

图6

图7

生：古希腊罗马时代的作品比较符合现实生活，而中世纪的作品人物的比例和尺寸也脱离了现实，这是由他们在人们心中的地位和他们的精神价值的等

级来决定的，主角很高大，随从、敌人等不重要的人物则像侏儒一般，包括基督也不像正常小孩比例。这和中世纪突出神权有关。

师：到了文艺复兴时期的作品又是怎样呢？这时期最有名的雕塑大师非米开朗琪罗莫属，著名作品有《大卫》（图8）、《摩西》（图9）（展示雕塑并出示作品介绍），请大家根据鉴赏指导分析文艺复兴时期的雕塑和中世纪相比有什么不同？

图8

图9

①《大卫》

作品信息：大理石雕像，创作于1501—1504年，现收藏于佛罗伦萨美术学院。表现了犹太民族的领袖人物大卫，一位健硕英武的青年裸体站立形象，正转首怒视前方，左手紧握甩石器，迎接一场战斗。像高2.5米，连基座高5.5米。比例解剖准确，但作者有意放大了头部和手的比例。

②《摩西》

作品信息：大理石雕像，高255厘米，创作于公元1515—1516年，现位于罗马梵蒂冈圣彼得大教堂。当时新教皇利奥十世让米开朗琪罗为前任教皇朱诺二世设计陵墓。摩西是犹太人中最高的领袖，他是战士、政治家、诗人、道德家、史家、希伯来人的立法者。他曾亲自和上帝交谈，受他的启示，领导希伯来民族从埃及迁徙到巴勒斯坦，解脱他们的奴隶生活。在红海彼岸的西奈半岛过上安定的生活。米开朗琪罗用壮年来表现摩西，头长双角，长髯垂胸。当得知有一个名为亚伦的人触犯了他为以色列人订立的律法《摩西十诫》后而无比愤慨，正要从座位上跃起的瞬间。

生：回到古希腊罗马的表现形式，黄金比例构图，表情生动不呆板，表现人体美，逼真，关注人物内心，关注自由。

师：《大卫》是西方美术史上非常值得夸耀的男性人体雕像之一。不仅艺术的精致实现了对古希腊艺术的复兴，更重要的是冲破了黑暗中世纪的桎梏，直接展示了人在改造世界中的巨大力量。所以达到了一个时代雕塑艺术的最高境界。《摩西》在表现伟大神话人物神性的逼真可信和具体矛盾冲突的细节上达到最高的化境。我们可以看出，比例也符合了人体美的标准。

师：再看这个时期的绘画作品。

（2）绘画

①拉斐尔——《草地上的圣母》（图10）

一幅人与自然和谐的景象，表情生动，母亲慈爱，也把圣母年轻之美展现出来，她并非高高在上、无法亲近的天国女神，基督的比例也正常了，同时孩童对母亲的依赖跃然纸上。总之，作品表达了作者回归人性、回归自然的愿望。

图10

② 达芬奇——《蒙娜丽莎》《最后的晚餐》

师：《蒙娜丽莎》（图11）中蒙娜丽莎的脸也符合黄金矩形，《最后的晚餐》（图12）同样也应用了该比例布局。同学们再观察看看，这两幅作品又是如何突出人文主义？

图11

图12

师：达·芬奇，当人们一提到他的名字，就自然地与神奇、睿智联系了起来。达·芬奇的兴趣极为广泛，除了绘画，他研究科学与哲学问题。他曾一个人亲自解剖了三十多具尸体，具有丰富的解剖知识。他与米开朗琪罗、拉斐尔被称为文艺复兴时期的美术三杰。

生：《蒙娜丽莎》内容上关注了普通人的生活，背景有风景，关注人与自然，打破以往只关注神、宗教的惯例。蒙娜丽莎面庞秀丽，形象逼真，似乎是真人的存在。坦然自信的神态流露出不可捉摸的带有神秘的微笑，呈现出一种高贵而不可侵犯的尊严，欣赏画的人仿佛也随之自尊、自重起来，这是对人的一种赞颂。

师：其思想代表新兴资产阶级打破教会精神枷锁的要求。蒙娜丽莎是笑得开心？还是笑得伤心？

生：开心，不开心。

师：看看专家解读也是学会鉴赏的一种方式。

“对象的表情和含义，完全跟了你的情绪而转移。你悲哀吗？这微笑就变成感伤的，和你一起悲哀了。你快乐了吗？她的口角似乎在牵动，笑容在扩大，她面前的世界好像与你的同样光明同样快乐。”

——傅雷《世界美术名作二十讲》

师：我觉得达·芬奇之所以能够捕捉人间如此神秘的微笑，除了他高超的绘画技巧外，还源于他对其他领域的深入研究，例如什么？

生：解剖学。

师：应该说这是科学和艺术的完美结合。

师：《最后的晚餐》是他接受米兰圣马利亚·德烈·格拉契修道院的订件时作的。这是一个传统的圣经题材。描写的是耶稣被捕前和十二位门徒共进最后一顿晚餐，耶稣说："你们当中有一个人出卖了我！"两个世纪来，许多著名画家在这一题材上尝试过。《最后的晚餐》是不是传统的宗教画？我们来看看中世纪的《最后的晚餐》（图13），你看出什么不同？

图13

生：长方形框架的情景无疑是达·芬奇精心安排的，画面有空间感，耶稣身后的明窗发挥了传统光环的作用。人物面部表情真实生动，动作到位，充分表现出人物身份和内心活动。

师：达·芬奇强调把艺术与科学结合起来、把形式美和内容高度统一起来。《最后的晚餐》所用的透视学、人物解剖学，和谐的形式构图与人物心理刻画，也正好诠释了达·芬奇所提倡的美学观点，体现人文主义。这是以往的宗教画没法做到的。所以说这幅作品能成为达·芬奇的代表作。大家可以试试找出出卖耶稣的犹大来。

（3）文学

师：提起文艺复兴，一定要说到文艺复兴的先驱，那就是意大利的但丁。

①但丁——《神曲》

师：他被誉为旧时代的最后一位诗人，也是新时代的最初一位诗人。著名作品是《神曲》。阅读课本资料，请说说《神曲》如何体现人文主义？

生：《神曲》叙述了但丁想象中游历地狱、炼狱和天堂的经历。他按自己的意愿把教皇安排在地狱，体现其强烈的反教会思想，体现时代的潮流——人文主义思潮。

师：但丁的名言很多，都体现人文主义：

生来不是为了像走兽一般地生活，而是为了追求美德和知识。

走你的路，让人们去说吧！

人的高贵超过天使的高贵。

师：15到16世纪，文艺复兴达到高潮，扩展到欧洲各国，这时最有名的代表人物是谁呢？

② 莎士比亚——《罗密欧与朱丽叶》《哈姆雷特》

师：莎士比亚是文艺复兴时期英国杰出的戏剧家和诗人，一生创作了数十部反映人文精神的剧本和诗歌。大家学过他的什么作品？

生：《威尼斯商人》

师：该作品有何特点？

生：情节生动，歌颂人的聪明才智。

师：这和《哈姆雷特》的特点是一样的。作为十大悲剧之一的《罗密欧与朱丽叶》，歌颂的是什么？

生：追求爱情、追求解放、自由和幸福、冲破传统束缚。

师：同时期中国也有一部追求个性解放的戏剧，那是汤显祖的什么作品？

生：《牡丹亭》

小结：

师：了解了这么多的大师及他们的作品，我们能用什么词来形容一下什么是人文主义吗？

生：反教会、追求个性解放、追求自由、肯定人的力量、否定神。

师：其核心就是以人为中心。有人说这是一个"人被发现的时代"，所以相信我行故我行，有那么一批航海家，他们出发了，开始了"世界被发现"。我们看到了资本主义的曙光，一个新时代即将来临。

【设计意图】

本课在讲到文艺复兴代表时只涉及绘画的达·芬奇和文学的但丁及莎士比亚，而且内容较为简单。在设计本课时，我特意融入了雕塑，加大了跨学科教学部分。既充实了本课内容，又使本课通过一系列的艺术作品以美的形式呈现在学生面前。这既是一种艺术的熏陶，又加强了学生由直观的感知到理性分析的能动过程，培养学生史料实证、历史理解等学科素养，同时也提升了学生的艺术鉴赏能力及学习历史的兴趣。

第五章

数学与初中历史教学

数学思维在初中历史教学中的运用

东方中学　郑广慧

随着目前我国新课程改革的不断推广，学科之间的“跨领域”联系也日益彰显，新课程改革要求初中各学科之间要打破学科界限，鼓励学生跨领域、跨学科学习，也要求教师有更加灵活的教学方法。在学生众多学习方法中，教师可以引导学生将不同学科的学习方法运用到历史学习当中，如数学科目。数学是一门与数据、图表打交道又很讲思维的科目，学生将数学课堂上学习的数形结合思维、转化思维、对应思维、假设思维、比较思维、符号化（公式）思维、逆向思维为基础的数学思维运用到历史学习当中去，教师运用数学思维渗透到初中历史教学中去，有助于学生掌握历史知识，提高学生思考与解决历史问题，从而使历史教学达到良好的效果。

一、数形结合思维与初中历史教学

“数缺形时少直观，形无数时难入微”是我国著名数学家华罗庚教授的名言，“形为手段，数为目的”，借助“形”的生动和直观性来阐明“数”之间的联系，初中历史教学中运用数学的数形结合思维，借助数轴、曲线等，形象地描述历史事件的兴起、发展过程等，反映历史现象之间的纵横联系，多角度剖析历史，使学生获得整体性的历史知识体系，加深学生对历史知识的理解。

例如，在学习部编版七年级下册的历史教材时，教师可以在一条数轴上用时间、朝代展示本学期所学习历史发展的基本线条，让学生理清线索（图1）：

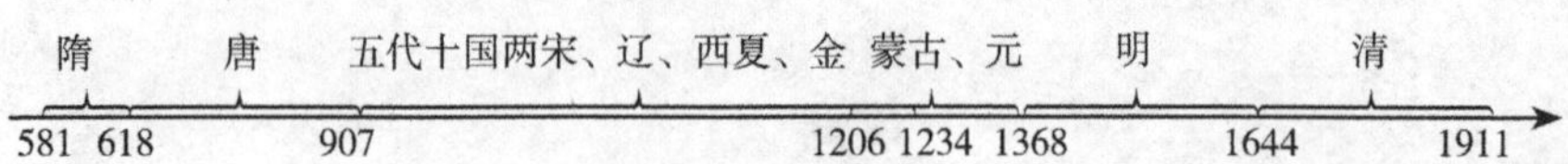

图1

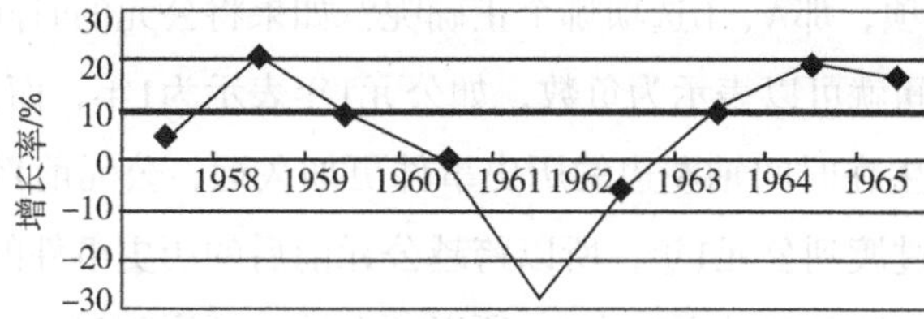

图2

在学习部编版八年级下册第二单元第6课《艰辛探索与建设成就》，教师可以用函数来表示1958—1965年国家经济增长走势图（图2），分析导致这一时期国家经济发生如此大的变化的主要因素是“大跃进”与“人民公社化运动”、国民经济的调整。

在学习部编版九年级下册第四单元第15课《第二次世界大战》时，教师可以利用曲线，形象地描述“二战”的过程，加深学生的理解：

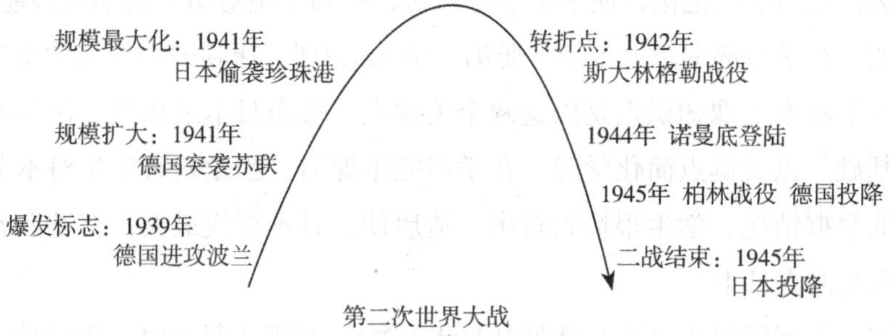

图3

又如，学生在做“历史时序”练习题时，教师可以结合数轴来解决这个问题，使学生能学习历史年代的计算。

例题：制作年代标尺是学习历史的有效方法之一，下面是一位同学在复习中国古代史时制作的年代标尺，其中从秦统一到唐朝建立之间前后过了（　　）

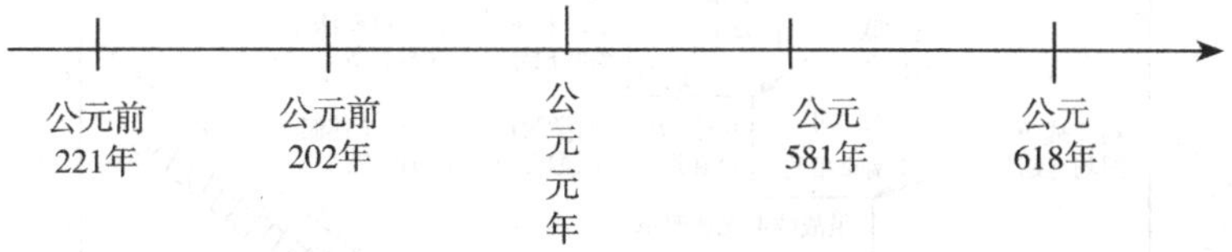

A. 839年　　B. 838年　　C. 783年　　D. 802年

解析该题，要先明确秦朝统一时间是公元前221年，唐朝建立是公元618

年，排除C、D选项，那A、B选项哪个正确呢？如果将公元的时间表示为正数，那么公元前的时间就可以表示为负数，如公元1年表示为1年，而公元前1年可以表示为-1年。发生在时间轴左边的历史事件更加久远，公元前1年只需要经过1年的时间就可以过渡到公元1年，所以跨越公元前后的历史事件的年代计算必须在正常数学计算方法的基础上减去1，所以“秦统一到唐朝建立之间前后过了”正确的计算方法是618-（-221）-1=838年，故答案选B。

二、转化思维与初中历史教学

转化思维是把待解决的问题化为易于解决的问题来解决，如化繁为简、化难为易等，初中历史教学中运用数学的转化思维，让学生在学习过程中围绕关键点来简化学习结构，对知识点进行概括、归纳，把知识点一层层展开，构建历史学科的知识网络，使学过的知识更加系统化、层次化，并教会学生科学的记忆方法，帮助学生记忆，使学生学得轻松，提高学生对历史的学习兴趣。

例如，在学习部编版七年级下册第一单元第4课《唐朝的中外文化交流》，先让学生了解本节课知识点是以这两个关键点：遣唐日本最积极、佛教两和尚为学习基础，以关键点简化学习，在学习完本课后，当堂检查学生对本节课知识要点的掌握情况，学生很快就背出：遣唐使，日本规模最大；玄奘西游去印度、鉴真东渡去日本。

又如，在部编版八年级上册期中考试（第1—13课）复习时，先设计一张近代中国历史变迁图（图4）：

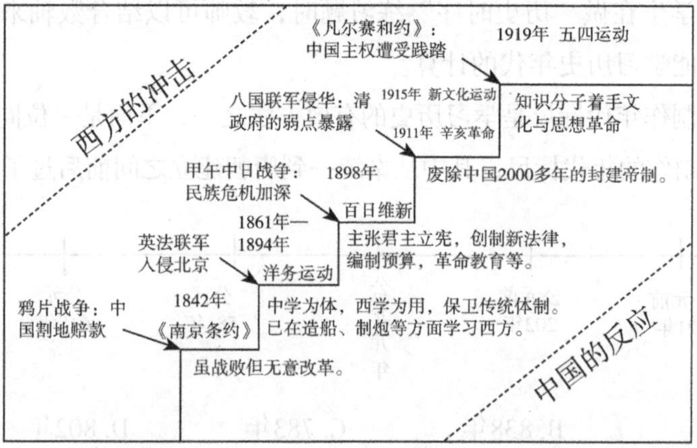

图4

以两条主线索：西方的冲击、中国的反应，在这两条线索上提出联系的历史知识为关键点来复习，简化复习结构，历史知识是先后联系的，既让学生复习原有的历史知识点，又把关联的知识归纳在一起，加强历史知识之间的关联，这样不仅可以加深学生的记忆，还可以使学生学会逐渐养成联系、总结历史知识的习惯，在学习的过程中能更透彻地理解历史、感受历史。

三、对应思维与初中历史教学

学生根据学习过的“历史知识”（已知），找出“未知答案”（对应）与“历史知识”（已知）的对应关系，如同数学直线上的点（数轴）与表示具体的数是一一对应，由“历史知识”推导出“未知答案”的方法，即对应思维。初中历史教学中运用数学的对应思维，在学生已知的历史知识的基础上，能帮助、引导学生推导出一些记忆不清，甚至根本就没记住、没学过的知识点，能更加准确、全面地帮学生解决在学习上遇到的问题，并找出正确的答案。

例如，2016年广东省初中历史中考第23题：

1941年6月，英国首相丘吉尔说：“过去25年来，没有谁比我更彻底地反对共产主义……进攻苏联，只不过是企图进攻不列颠岛的前奏。因此，苏联的危难就是我们的危难，也是美国的危难。”这反映出（　　）

A. 丘吉尔不再反对共产主义了

B. 英美已结成反法西斯同盟

C. 苏联存亡事关英美的命运

D. 苏联欲拉拢英美抵御德国

解析该题，可以运用数学的对应思维，先找出已知的历史知识：可知这段话发生在德国突袭苏联之后，英国首相丘吉尔表明，随着法西斯的大肆侵略与扩张，没有任何一个国家可以幸免于难（包括美、苏），只有各国联起手来共同协作，才能最终挫败法西斯势力，故答案选C。

又如，2019年广东省初中历史中考模拟题第13题：

在下表空白处填写最恰当的主题词是（　　）

1894—1912年	社会变革，走向共和
1921—1935年	
1949—1956年	民族独立，制度革命
1978年至今	改革开放，民族复兴

A. 五四风雷，抗日烽火　　　　B. 星星之火，建国伟业

C. 国共合作，走向抗战　　　　D. 开天辟地，渐趋成熟

解析该题，也可以运用数学的对应思维，先找出已知的历史知识：从材料中的时间1921—1935年可以看出，这指的是中国共产党成立之后的14年，中国共产党的成立是开天辟地的大事，而1935年遵义会议是中国共产党走向成熟的标志，故答案选D；A项错误，五四运动是1919年开始的；B项错误，星星之火是在1927年建立农村革命根据地之后；C项错误，国共合作，走向抗战是在1936年。

四、假设思维与初中历史教学

假设思维，是指根据数学题目中的已知条件或问题做出某种假设，然后按照题中的已知条件进行推算得出答案。初中历史教学中运用数学的假设思维，即给定的历史条件对历史情境进行思考，在历史情境中提出问题做出某种假设，然后在已知历史条件中进行推算，找到正确答案的一种思维方法，这样可以提高学生的学习兴趣，让学生在学习中深化思考，检查学生掌握知识的情况，培养学生探究能力和解决问题的能力。但是运用假设思维一定要适时、适量，在运用的过程中要尊重历史事实，在史实的基础上进行合情合理的假设，不能做出无意义的假设，如“三国中刘备要是拥有原子弹就可以轻易消灭曹操、孙权，统一全国”，这种假设，已经失去了学习历史的价值与意义，在历史教学中应该避免。

例如，在学习完部编版七年级上册第二单元第4课《早期国家的产生与发展》一课后，教师设计一道假设题目：

穿越历史时空，假设你和甲、乙、丙三位同学回到西周武王时代，请判断你们谁被封为诸侯王的可能性最小：

A. 你是商朝末年的贵族，后归附周武王

B. 甲同学曾随武王伐纣，立下汗马功劳

C. 乙同学出身于平民，但才能、人品俱佳

D. 丙同学属于西周姬姓王族成员，整日养尊处优

西周分封的主要对象是王族子弟，功臣和贵族，A项属于贵族，B项属于功臣，D项属于王族子弟，都符合分封的对象，故排除，西周时期实行贵族政治，平民不可能成为诸侯王，故答案选C。该题是通过假设思维来提出问题，学生在学完西周分封制知识要点的基础上，结合所学知识来找出答案，从中可以考查学生对刚学习的知识掌握情况，提高学生分析历史问题的能力。

又如，在学习部编版九年级下册第三单元第8课《第一次世界大战》，教师在讲述到导致“第一次世界大战”爆发的原因时，可以提出一个假设问题：假如没有发生萨拉热窝事件，第一次世界大战会不会发生？抽去了萨拉热窝事件这个因素，是为了衡量这个因素在第一次世界大战中的作用，教师让学生讨论后得出：第一次世界大战爆发是因为帝国主义国家经济政治发展不平衡加剧，为了争夺世界霸权，重新瓜分殖民地，各国之间斗争越演越烈，萨拉热窝事件只是第一次世界大战爆发的导火索，即使这一事件不发生也会有别的事件来点燃“第一次世界大战”，第一次世界大战迟早也会爆发，通过假设，学生可以进一步分析第一次世界大战的性质、根本原因，使学生学会从不同的角度发现并解决问题，激发思考问题的积极性。

五、比较思维与初中历史教学

历史知识体系是“古今贯通、中外关联”的，在初中历史教学中运用数学的比较思维，对历史人物、历史现象、历史事件等进行多层次、多角度的分析、比较、归纳出其相同点或不同点，寻找异同，如同数学教学中引导学生比较题中已知和未知数量变化前后的情况一样，帮助、引导学生较快地找到解题途径，提高学生认知历史发展规律的能力。

例如，在复习部编版八年级历史上册中国近代化的探索：洋务运动、戊戌变法、辛亥革命、新文化运动，要是按一个一个运动来复习的话，学生复习起来比较复杂，很难理解中国近代化探索的艰辛，如果把这四次运动通过表格进行对比，那么可得出如下表格：

阶段	事件	时间	代表人物	口号	主要内容	历史作用	性质
军事器物	洋务运动	19世纪60—90年代	中央：奕䜣；地方：曾国藩、李鸿章、左宗棠、张之洞（地主阶级洋务派）	前期：自强；后期：求富	创办军事工业；兴办民用工业；创办新式学堂；筹建海军	引进西方先进的科学技术，使中国出现了第一批近代企业；刺激了中国民族资本主义的产生和发展，对外国的经济侵略起到了一定的抵制作用；开启了中国近代教育的先河；是中国近代化的开端，为中国的近代化开辟了道路	是一次失败的封建统治者的自救运动
政治制度	戊戌变法	1898年6—9月	康有为、梁启超（资产阶级维新派）	变法图强	政治——改革政府机构，裁撤冗官，任用维新人士；经济——鼓励私人兴办工矿企业（促进资本主义发展）；文化——开办新式学堂（京师大学堂），创办报纸，开放言论等；军事——训练新式军队	宣传资产阶级思想，在社会上起到了思想启蒙的作用	资产阶级性质的改良运动
	辛亥革命	1911年	孙中山（资产阶级革命派）	三民主义	武昌起义，“中华民国”成立	推翻清朝的统治，结束了我国两千多年的封建帝制，使民主共和观念深入人心；为民族资本主义发展创造了条件	资产阶级性质的革命

续表

阶段	事件	时间	代表人物	口号	主要内容	历史作用	性质
思想文化	新文化运动	1915年开始	陈独秀、李大钊、胡适、鲁迅（进步知识分子）	民主、科学	前期：四提倡，四反对；后期：宣传马克思主义	启发人们追求民主和科学，探索救国救民的真理，为马克思主义在中国的传播创造了条件	思想解放运动

学生通过上述表格的内容比较，能清晰地对中国近代化探索的历史事件和历史现象熟悉，从中学生能理解中国近代化是指近代的中国人向西方学习的过程，主要表现在三个方面：经济上工业化（洋务运动），政治上民主化（戊戌变法和辛亥革命），思想文化上的西化（新文化运动），由学习技术到学习制度再到学习思想文化，由表及里，由浅到深。

又如，在学习完部编版七年级上下册两本历史课本后，教师设计一道比较题目：

都江堰、大运河、莫高窟、明长城、北京故宫都是（　　）

A. 杰出的水利工程　　B. 木结构和石结构的杰出建筑

C. 保卫边防的防御工程　　D. 中国古代劳动人民智慧的结晶

解析该题，此题考查中国古代卓越工程的比较。题目中的都江堰、大运河、莫高窟、明长城、北京故宫是我国历朝兴建的伟大工程。A项，长城和故宫都不是水利工程，故A项错误；B项，都江堰是秦国蜀郡太守李冰修筑的水利工程，充分利用地理地势，采取中流作堰的方法，把岷江分为内江和外江，不是木结构和石结构的代表建筑，故B项错误；C项，题干中提到保卫边防的防御工程，只有明长城是防御工程，故C项错误；D项，题干中提到的建筑奇观，都是我国各个朝代劳动人民集体智慧的结晶，是宝贵的文化遗产，故D项正确。通过对照比较，答案选D。

六、符号化（公式）思维与初中历史教学

数学中各种数量关系，量的变化及量与量之间进行推导和演算，都是用小小的字母表示数，以符号的浓缩形式表达数学的内容，这就是符号化（公式）

思维。学习历史是有规律可循的，这种规律可以用历史公式来总结，初中历史教学中运用数学的符号化（公式）思维，对历史规律等进行概括、归纳，总结出历史公式，用于引导学生学习具有重要意义。初中历史有原因、内容、影响或意义等几个方面，归纳起来常用的初中历史公式有：历史原因=根本原因（主要原因）+直接原因（次要原因）、历史内容=政治+经济+思想文化+军事、历史影响（意义）=积极+消极（局限性）、人物评价=人物属性+历史功绩+局限性+结论、历史事件评价=性质+影响。学生掌握这些初中历史公式，在学习历史的过程中就会做到举一反三，提高学习效率。

例如，在学习完部编版七年级历史上册第三单元第9课《秦统一六国》和第10课《秦末农民大起义》后，教师要求学生在总结这两节课学习的历史知识要点的基础上对秦始皇做出评价，在此，教师可以运用历史公式：人物评价=人物属性+历史功绩+局限性+结论，教会学生对历史人物进行评价，学生通过讨论归纳：秦始皇是中国古代杰出的封建帝王（人物属性），他结束了春秋战国以来的分裂割据局面，建立了我国历史上第一个统一的多民族的封建国家，开创了专制主义中央集权制度，统一了文字、货币、度量衡，北筑长城南修灵渠（历史功绩），但是他焚书坑儒，摧残了文化（局限性），纵观秦始皇一生，有功也有过，总体而言，功大于过（结论）。

又如，在学习部编版八年级上册第二单元第7课《抗击八国联军》，教师在分析八国联军侵华的原因时，可以运用历史公式：历史原因=根本原因（主要原因）+直接原因（次要原因）。教会学生概括八国联军侵华的原因：清政府腐败无能，外国列强纷纷图谋瓜分中国，扩大在华的利益（根本原因）、义和团的反对帝国主义斗争，引起帝国主义恐慌，需要发兵镇压（直接原因），教师可以在此基础上进一步分析：直接原因通常等同于导火线，是指事物的外因；而根本原因，是指事物的内因，就是引起事物变化的主导因素。

七、逆向思维与初中历史教学

历史课本是由一个个单独发生的历史事件串联而成的，数学的逆向思维是一种与常规思维相左的思维模式，初中历史教学中运用数学的逆向思维来引导学生从结论循序渐进地反向解读历史事件发生的原因、过程等，在学习中提出自己的认识、看法，深刻理解历史知识的内在联系，这样能更好地做到历史学习中的“论从史出”，提高学生学习历史的主观能动性。

例如，在学习部编版八年级上册第五单元第16课《毛泽东开辟井冈山道路》，按正常顺序的教学应该是南昌起义（打响反抗国民党的第一枪）—八七会议（指明方向）—秋收起义（进军农村）—革命根据地井冈山（第一个革命根据地）—井冈山会师（壮大了革命队伍）—古田会议—建立政权（中华苏维埃共和国临时中央政府），这样的教学未尝不可，但是教师可以用数学的逆向思维方式让学生先学习开辟井冈山革命根据地的知识要点，这样学生就不得不更好地分析毛泽东为什么要开辟井冈山革命根据地和学习开辟井冈山革命根据地的前后形势，便能更好地准确理解并记忆本节课的知识，开辟井冈山道路这一重难点内容从而得到了突破。

又如，在学习部编版九年级下册第一单元第3课 《美国内战》时，教师结合美国独立战争的知识要点并设问引导学生思考美国内战的实质是什么，学生根据所学过的历史知识和查阅课本内容得出结论，美国内战是美国历史上第二次资产阶级革命，接着，教师循序渐进地问：为什么说美国内战是美国历史上第二次资产阶级革命？学生再次查阅课本的内容找出美国内战的影响是这道题的答案，教师继续发问：为什么说美国经过这场战争，维护了国家统一，废除了奴隶制，清除了资本主义发展的障碍，为以后经济的迅速发展创造了条件？学生通过查阅课本的资料、小组讨论等方式得出：19世纪中期的美国，南方奴隶制种植园经济和北方资本主义工商业经济围绕着奴隶制的存废问题，北方和南方之间的矛盾无法调和，最终导致了内战的爆发，即美国南北战争，林肯领导下的北方军队为维护国家统一而战，随着《宅地法》和《解放黑人奴隶宣言》的颁布，美国人民特别是广大黑人以极大的热情拥护和支持北方军队，战争以北方的胜利而宣告结束，这场战争废除了奴隶制，教师追问：美国内战的根本原因是什么，推论出是落后的奴隶制严重阻碍了美国资本主义的发展，最后学完本节课后学生总结出国家统一、生产关系适应生产力的发展是促进国家经济发展的重要前提。通过数学逆向思维在初中历史教学中的不断训练，“反其道而行之”，提高学生的学习效率。

总而言之，在初中历史教学中运用数学思维可以帮助学生更好地对历史知识、历史问题进行了解与研究。被引入的数学思维主要是为初中历史教学服务的，而不是为了进行纯粹的数学研究和数学教学。因此，教师在使用数学思维教学时，尽可能地用简单的数学思维去解决较难的历史知识、历史问题，进行行之有效的教学方式，并且要根据历史知识、历史问题选择教学方法，在进行历史教学时要运用不同的数学思维。但是想要更好地在初中历史教学中运用数学思维，还需要广大历史教师更进一步深入实践与分析，使其更好地为历史教学服务。

参考文献

［1］谷炜.初中历史推进跨学科教学的有效途径［J］.教书育人，2016（34）：65.

［2］许红婴.漫谈历史教学中的跨学科方法［J］.考试周刊，2016（102）：120.

［3］蔡宏圣.数学史视野下数学学习若干问题的思考［J］.课程教材·教法，2016，（12）：66-72.

［4］薛佳佳.谈如何培养初中学生的数学思维能力［J］.西部素质教育，2016（2）：99.

［5］林继红.用数学思维学习历史［J］.高中生，2005（18）：20-21.

［6］杜芳，刘汝明.中学历史教学设计与案例研究［M］.北京：科学出版社，2013.

［7］何成刚，彭禹，夏辉辉，等.智慧课堂：史料教学中的方法与策略［M］.北京：北京师范大学出版社，2010.

［8］刘仲林.跨学科教育论［M］.郑州：河南教育出版社，1991.

案例1　工业化的起步和人民代表大会制度的确立

（部编版八年级历史学科下册第4课）

韦怀初级中学　林　芸

【教学目标】

1. 知识与能力

了解和掌握“一五”计划的基本任务，“一五”计划期间经济建设取得的主要成就和人民代表大会制度的确立。

2. 过程与方法

引导学生分析第一个五年计划实施的必要性和组织学生模拟报道第一届全国人民代表大会，培养其归纳、概括历史问题的能力以及综合分析能力。

3. 情感、态度与价值观

认识到第一个五年计划的实施开始改变了我国工业落后的面貌，增强学生对党和国家的热爱之情；认识人民代表大会制度是我国的根本政治制度，为社会主义民主政治建设奠定了基础。

【学情分析】

学生经过一段时间的学习，已经掌握了基本的历史学习方法，具备了初步的时空观念等，但因为学生缺乏亲身感受，要正确掌握知识点还是有一定难度的，因此教师在教学过程中可以结合相关的资料、题目，重现历史情境，引导学生从材料中提取有效信息，使学生在分析史料的基础上形成对历史事件的客观判断。

【重难点分析】

1. 重点

第一个五年计划的主要任务和人民代表大会制度的确立。

2. 难点

第一届全国人民代表大会的内容和意义。

【教学过程】

（一）导入

中国现代史是中国共产党领导全国各族人民进行社会主义革命和建设的历史，也是为国家富强和人民幸福而不懈努力的历史，中华人民共和国的成立使中国人民终于站起来了，在举国欢庆的同时，党也面临着建国初期在经济建设方面的重重困难，到底有哪些困难呢？党又是如何解决难题的？

（二）新授课

1. 第一个五年计划

（1）第一个五年计划的背景

教学环节1：教师展示以下两则材料，引导学生阅读材料、解读数据，并思考、得出中华人民共和国成立前夕，因为帝国主义长期掠夺和国民政府的搜刮以及战争的破坏，国统区经济处于崩溃。

材料1：建国初期严峻的经济形势（表1）。

表1

产量 经济状况	全国总产量	人均占有量
国民收入	358亿元	66元
粮食	1.1亿吨	209千克
钢	15.8万吨	0.29千克

材料2：国民党逃跑时掠走的金银（表2）。

表2

国民党逃跑时掠走的金银	数额
黄金	277万两
银元	1 520万元
美钞	1 537万元

设计意图：通过解读材料里的数据等使学生进一步认识到当时党在进行经济建设探索过程中的责任有多重大，进而增强学生对党对国家的热爱之情；借用数据类题目培养学生的“家国情怀”等核心素养。

教学环节2：展示材料。

材料3：1952年主要产品产量简表（表3）。

表3

产品	1952年产量	比1949年增加	比历史最高水平增加
钢	135万吨	754%	46.2%
煤	6 649万吨	105%	7.4%
棉花	130.4万吨	193.3%	53%
粮食	1.639亿吨	49%	79.3%
发电	72.6亿千瓦	68.1%	21.9%
原油	44万吨	272%	—

过渡：中华人民共和国成立后，经过土地改革等措施，三年期间经济恢复，国民经济得到根本好转，那么中国的工业水平与世界其他国家相比，我们的发展水平又如何呢？

教学环节3：教师展示材料，并引导学生将表格中的数据进行横向对比，通过对比学生们可以得知我国工业水平仍然远远落后于发达国家，甚至远不如印度。

材料4：中国与印度、美国的钢产量和发电量的比较（表4）。

表4

产量	中国1952年产量	印度1950年产量	美国1950年产量
钢产量(人均)	2.37千克	4千克	538.3千克
发电量(人均)	2.76千瓦时	10.9千瓦时	2 949千瓦时

设计意图：在这个教学环节中，教师向学生展示了数据史料，通过该材料教师提示学生在看到数据的时候应该要先明确材料中的数据是属于哪些方面的，在分清数据的类别后就思考横向或者是纵向对比数据的解题方法，以达到培养学生解答数据题目的能力。

（2）第一个五年计划的基本任务

教学环节4：教师展示材料，引导学生根据材料、课本内容，分小组讨论回答出第一个五年计划的基本任务、重点发展重工业的原因。

材料1：毛泽东感慨地说：“现在我们能造什么？能造桌子椅子，能造茶碗茶壶，能种粮食，还能磨成面粉，还能造纸，但是，一辆汽车、一架飞机、一辆坦克、一辆拖拉机都不能造。”

材料2：1953年和1957年我国工农业主要产品产量示意图（图1）。

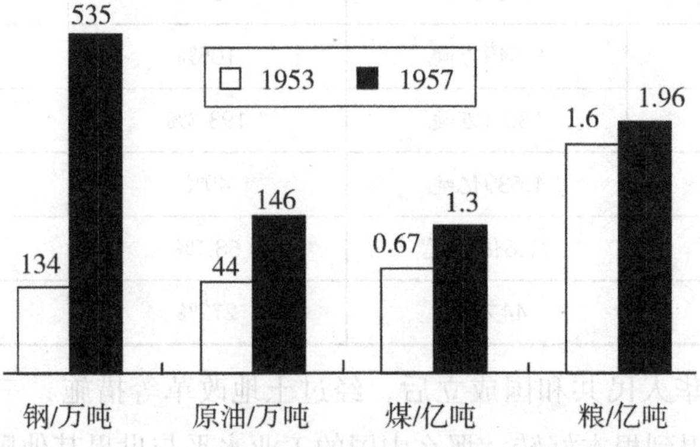

图1

设计意图：在本教学环节里，教师向学生展示了数形结合的材料，通过该材料帮助学生形成在解读此类材料的时候有意识地将数据和图形结合的解题思维。

过渡：中国参考了苏联社会主义建设的经验，选择了一条优先发展重工业的道路。建国初期，我国一贫如洗，物资极度匮乏，所以必须在发展重工业的同时适当的发展交通运输业、轻工业、农业和商业等，以解决百姓生活的燃眉之急。

（3）第一个五年计划的主要成就、原因

教学环节5：教师展示材料、图片，引导学生根据材料并结合课本回答“一五”计划取得的成就、取得成就的原因。

材料1：五年内施工的工矿建设项目达一万多个，其中大中型项目有921个，到1957年底，建成全部投入生产的有428个，部分投入生产的有109个。苏联帮助中国建设的156个建设项目，到1957年底，有135个已施工建设。中国过去没有的一些工业，包括飞机、汽车、发电设备、重型机器、新式机床、精密仪表、电解铝、无缝钢管、合金钢、塑料、无线电等，从无到有地建设起来，从而改变了我国工业残缺不全的状况，增加了基础工业实力。

材料2：1957年工农业总产值达到1 241亿元，比1952年增长67.8%。1957年的国民收入比1952年增长53%。1957年工业总产值超过原计划21%，比1952年增长128.5%。原定五年计划工业总产值平均每年增长14.7%，实际达到18%。

材料3：苏联专家在中国。（图2）

图2

材料4：中央采取正确的方针政策，确定了“一五”计划的目标，并且不断选派优秀干部到工业路线上去，培养成为领导骨干。

材料5：20世纪50年代的激情岁月给定居北京的波兰裔作家爱泼斯坦夫妇留下了这样的印象，“我们被一种同样的精神所感召，这是一种不为名、不为利，只为一个共同目标而奋斗的行动。没有真心实意地参加过这种集体劳作的人是很难体会这种感情的”。

过渡：为了给经济建设保驾护航，我国的民主法制建设也在逐步展开，颁布中华人民共和国第一部正式宪法，即《中华人民共和国宪法》。

2. 人民代表大会制度的确立

教学环节6：

（1）教师在课前组织学生以小组为单位收集该知识点的相关资料，并在课堂上组织学生模拟新闻发布会，会议结束后让各小组设计新闻稿。新闻稿里必须对第一届全国人民代表大会的召开背景、时间、出席人物、《中华人民共和国宪法》的性质、我国的根本政治制度等问题进行正确的报道。

（2）补充材料

材料1：1954年《宪法》有蒙、汉、维、哈、藏、朝文版本，全国有1.5亿人参与宪法草案的讨论。民主党派代表558人，占45.52%，少数民族的代表177名，占14.4%。提出118万条修改和补充意见。（图3）

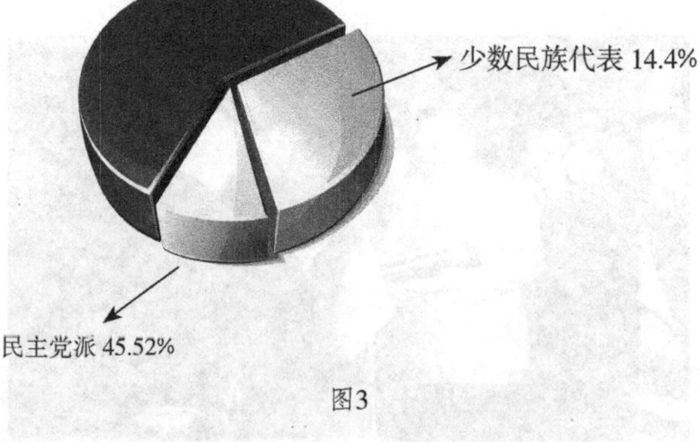

图3

材料2：第一条　中华人民共和国是工人阶级领导的、以工农联盟为基础的人民民主专政的社会主义国家。……

第二条　中华人民共和国的一切权力属于人民。人民行使国家权力的机关是全国人民代表大会和地方各级人民代表大会。……

第四条　中华人民共和国依靠国家机关和社会力量，通过社会主义工业化和社会主义改造，保证逐步消灭剥削制度，建立社会主义社会。

第二十一条　中华人民共和国全国人民代表大会是最高国家权力机关。

——摘自《中华人民共和国宪法》

设计意图：通过该环节培养学生的合作能力、收集资料、读取信息、语言表达等能力。

课堂小结：本节课我们主要学习了两方面的内容：经济上，取得重大成就的"一五"计划，使我国向社会主义工业化迈进；政治上，第一届全国人民代表大会的召开和《中华人民共和国宪法》的颁布，使我国基本构成了现有的政治体制，这都对我们国家的发展产生了很大的影响，通过学习也使得我们再次认识到我们必须坚持走中国特色的社会主义道路。

【板书设计】

第4课　工业化的起步和人民代表大会制度的确立

一、第一个五年计划

1. 主要任务

2. 成就

3. 意义

二、第一届全国人民代表大会召开

1. 第一届全国人民代表大会召开的意义

2.《中华人民共和国宪法》

案例2　三大改造

（部编版初中历史八年级下册第5课）

聿怀初级中学　林　芸

【教学目标】

1. 知识与能力

了解农业社会主义改造的形式，国家对资本主义工商业的社会主义改造政策，三大改造的实质、意义和缺点等基本史实。

2. 过程与方法

引导学生收集有关三大改造的资料，作为课堂教学内容的补充；实施探究式学习，掌握合作、交流学习的方法。

3. 情感、态度与价值观

了解三大改造的基本完成，使我国实现了从生产资料私有制向社会主义公有制的转变，初步确立了社会主义制度；引导学生认识在过渡时期，我党创造性地开辟了一条适合中国国情的社会主义改造的道路。

【学情分析】

学生对历史问题有一定的认知水平，初步掌握了历史思维的基本方法，有一定的历史文本解读能力，但是知识储备量有限，对材料的解读以及对知识的迁移、运用能力有待提高。因此教师在教学过程中需要结合学生存在的有针对性的问题选取、引用比较有代表性的题目对学生进行引导。

【重难点分析】

1. 重点

三大改造的形式和意义。

2. 难点

三大改造的实质。

【教学过程】

（一）导入

说到我国中药行业的著名老字号，大家可能自然会想到北京同仁堂，可是在座的很多学生应该都不知道1954年同仁堂做出了影响该老字号发展的重要决定，那就是响应国家号召，顺利实现了公私合营，什么是公私合营，国家还对哪些部门进行了改造，结果怎样呢?

（二）新授课

1. 农业、手工业合作化

教学环节1：教师展示材料，引导学生从材料中找出关键词。

根据材料，回答问题：在土改时农民分到土地后，有哪些因素是不利于我国农业的发展?

材料1：农民得到了土地，我们党就得到了农民的拥护。全国农民拥护的事情，那个时候，没有办不成的。所以说，这是一次最彻底的、最全面的、最成功的一次土地改革。

——陶鲁笳（当时中共山西省委第一书记）

材料2：农村土地改革后农村出现的情况：土地买卖。土改后部分农民因天灾受损，或家中有人重病，或无力耕作等出卖自己的土地。1952年山西省对49村农民调查，在被出卖的718公顷土地中，1949年的占3.95%，1950年占30.99%，1951年占51.15%，1952年占13.09%。1953年对湖北、湖南、江西三省典型调查，出卖土地的农户占农村总农户的1.29%，出卖土地面积占农村上地总面积的0.22%。

材料3：经过土地改革，广大农民得到了土地，农村生产力从封建制度束缚下解放出来，农业生产恢复和发展起来了，但农民绝大多数还是靠人畜经营……

正因如此，今天农业生产的发展，还有许多困难的条件限制了它，约束了它。

——邓子恢《在全国第一次农村工作会议上的总结报告》

过渡：通过学习，大家都知道了虽然通过土地改革，农民成了土地的主人，但是之后农民遇到了缺少生产工具、资金、水利和自然灾害等困难，有很多的贫困农民不得不卖掉自己的土地，这一切都证明了一家一户的分散经营解决不了很多问题，也满足不了国家工业化建设的需要。那么，如何对农业进行改造呢?

设计意图：通过展示材料培养学生的解读材料、找出关键词、归纳答案的能力，例如，在材料2中教师引导学生观察材料显示的数据发生的变化得知虽然已经完成了土地改革，但是农村的发展还是受到了限制。

教学环节2：教师展示材料，学生通过材料并结合课本内容回答出农业改造的方式、结果等问题。

材料1：在目前情况下，用什么办法来帮助农民解决生产中的这些困难呢?当然，国家要大力帮助。……但国家的帮助是有限度的，不可能全部解决农民生产中的困难。那么靠什么办法来解决呢?有两条道路、两种办法：一种是旧的办法，旧的道路，让个体农民向富农、高利贷者去借贷，去当雇工、出卖劳动力，廉价出卖农产品，结果就增加富农、高利贷者、投机商人的剥削对象，让农村资本主义泛滥发展。这就是让少数人发财致富，多数人破产贫困。这是旧道路，是让农村资本主义漫无限制泛滥发展的道路。另一条道路是新道路，是领导农民组织起来，靠大家互助合作的力量，再加上国家帮助来解决生产中的困难，结果就是大家富裕比较平衡地上升，也限制了富农的发展。这就是组织起来大家富裕的道路。

材料2：（图1）

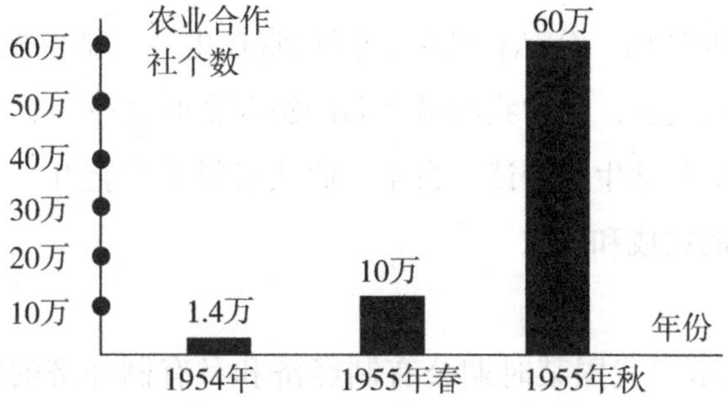

图1

设计意图：通过材料2提示学生在解读此类材料的时候应该要将数据和图形相结合的解题技巧。

过渡：农业合作化运动的顺利展开推动了手工业的社会主义改造，那手工业改造的情况又是如何的呢？

教学环节3：学生自学课文内容并找出手工业改造的方式。

过渡：在农业、手工业改造的同时，党和政府对国民经济中的资本主义经济成分也采取措施进行改造。

2. 公私合营

教学环节4：

（1）学生阅读课文回答并完成以下表格（表1）：

表1

时间	
方式	
政策	
完成	

（2）学生将课前收集、整理的有关公私合营概念、对资本主义工商业的社会主义改造的意义作业进行分享，教师根据学生的发言补充资料帮助学生了解公私合营的概念、对资本主义工商业的社会主义改造的意义。

（3）补充材料：同仁堂是我国的名牌老店，创办于1669年，以配方奇特、制作精湛、药品货真价实而闻名海内外。中华人民共和国成立后，同仁堂一直受到党和人民政府的关怀，业务有了很大的发展。1954年，为了贯彻对资本主义工商业的改造政策，北京市地方工业局选择同仁堂作为接受公私合营的示范企业。同仁堂的经理乐松生以大局为重，顺应历史潮流，带头实行公私合营，受到毛泽东的高度赞扬。公私合营后，同仁堂在生产、销售规模和开发新药等方面都有进一步的发展，成为我国最著名的医药企业之一。

设计意图：培养学生的阅读、自学、收集材料等的能力。

3. 三大改造的完成和意义

教学环节5：

（1）教师展示“我国某时期公有制经济和私有制经济的比例”的材料，引导学生先读懂数据代表的意义，接着引导学生思考数据之间应该如何进行对比，最后根据课文内容以及材料概括三大改造的实质、意义。

（2）教师展示材料，引导学生根据材料回答出三大改造在改造的过程当中存在什么缺点。

材料1：1952—1956年国民收入结构表（表2），它反映的重大历史事件是（　　）

表2

（单位%）

年份	国营经济	合作社经济	公私合营经济	个体经济	资本主义经济
1952年	19.1	1.5	0.7	71.8	6.9
1956年	32.2	53.4	7.3	7.1	趋于零

材料2：我国1953—1956年农业总产值示意图（图2）。

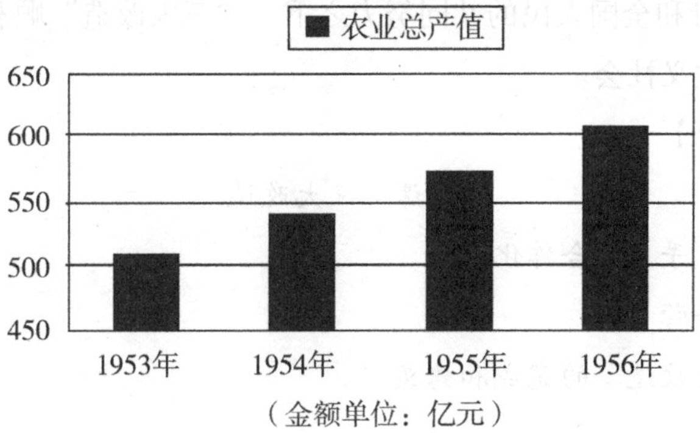

图2

材料3：我国公有制经济和私有制经济的比例（表3）。

表3

比例 / 经济形式	国民收入（%）	商业零售（%）	工业产值（%）
公有制经济	92.9	95.8	100
私有制经济	7.1	4.2	0

材料4：毛泽东的报道一直传达到农村党支部……合作社运动迅速盲目发展，才十几个月的工夫，到1956年底，加入合作社的农户，达到全国农户总数的96.3%……在农业合作化高潮的压力推动下，到1956年底，全国私营工业总户数的99%、私营商业户总数的82.2%分别纳入公私合营或合作社的轨道；参加合作

社的手工业人员占全体手工业人员的91.7%。就是说，原来预计用15年或者更多一点时间（一般说共18年）完成的“三改”，实际只用了三年就基本完成了。

——李凌《建国初期“三大改造”得失之我见》

设计意图：将以上四则材料同时展示使学生认识到“三大改造”虽然存在一些缺点，但是它对于整个三大改造来说是瑕不掩瑜的，中国人民通过“三大改造”把生产资料私有制变成了社会主义公有制，个体农民、手工业者转变为合作化的农民和手工业者，绝大多数资本家成为自食其力的劳动者。在我国存在了几千年的阶级剥削制度被消灭，我国初步建立起社会主义的基本制度，从此进入了社会主义初级阶段，迈向社会主义的金光大道。

课堂小结：由于“一五”计划的需要，我国必须变革生产资料所有制，以进一步解放和发展生产力。为此，“三大改造”在全国如火如荼地展开。最终，在党、政府和全国人民的共同努力之下，“三大改造”顺利完成，我国真正进入了社会主义社会。

【板书设计】

第5课　三大改造

一、农业、手工业合作化

二、公私合营

三、“三大改造”的完成和意义

第六章

信息技术与初中历史教学

从学生心理出发，用好历史课堂的多媒体

聿怀初级中学　陈泽群

随着科技的高速发展，现代信息技术在教育领域的应用也日益广泛，这深刻地影响着我们历史课堂的教学观念、方法及组织形式。教育史学家把以多媒体为主流的现代教育变革称为“第四次教育革命”。多媒体教学课堂教学模式在历史课堂使用日渐普遍，但在其推广过程中存在着一些应用的误区，笔者从心理学角度，试对其进行分析。

一、概念之辨

首先，我们来辨析一下何为多媒体教学。在今天的教学实践中，很多教师将多媒体教学理解为计算机辅助教学，这种观念较为狭隘。实际上，计算机辅助教学与多媒体教学在概念上是有区别的。计算机辅助教学，英文为“Computer-Assisted Instruction”，简称“CAI”。“多媒体”一词由英文“multimedia”翻译而来。Multimedia由“multi”和media复合而成。“multi”的词根源于“multiple”，即多个、多种的意思。“media”意为传播媒介。“multimedia”顾名思义，就是多种媒体的集合，它将文本、图形、动画、静态视频、动态视频、声音等媒体结合，借鉴各种媒体的优势，形成一种功能上更为完善的体系。各种媒体用于传递旨在改变学习者行为的教学信息，如教材、挂图、电视机、计算机、教师等等，称为教学媒体。在教学活动中，借助各种媒体优化整合，实现教学目标，即多媒体教学。以计算机为媒体，在一定程度上可以将地图、电视、录音带等媒体组合囊括，但教师、黑板等传统媒体在教学活动中的地位及作用，却是计算机所无法取代的。

二、从学生认知水平看媒体资源选择

媒体的选择，是依据所要完成的特定教学目标而定的。媒体的主要功能有：①展示事实，形成表象；②创设情境，建立共同经验；③提供示范，便于模仿；④呈现过程，解释原理；⑤设疑思辨，解决问题。对于历史课堂教学来说，第一、二种功能，是通过计算机媒体辅助能较好实现的功能。例如，在讲及南京大屠杀、中华人民共和国成立等内容时，真实的历史片段重现，能带来强大的视觉冲击，引起学生深刻的情感体验，并在这种深刻体验中进一步进行历史的思考。但笔者看到，视频展示，如果错误选择或者不经加工，往往却带来了负面的效果，并不利于教学目标的实现。在笔者的教学经历中，便有这样的经历。在讲《难忘九一八》一课时，《松花江上》这首创作于1936年的抗日歌曲，是很多教师会使用的教学资源。歌曲真切感人，悲壮豪迈，于沉痛中蕴藏抗争的力量，极具感染力，非常适合营造真切的教学情境。笔者在教学中，曾在一个班的历史课上使用了《松花江上》的一段音乐视频，该音乐是五六十年代话剧版本，学生观看完该音乐视频后，一点都没有进入教师所预设的教学情境中去，反而引起了笑场。课后，在学生的反馈中，学生表示对该视频中演员过浓的妆容、夸张的舞台动作和表情无法接受，觉得好笑。学生的反馈引起笔者的深思：在选择历史视频时，我们应充分考虑学生已有的知识背景和认知水平，如果视频呈现的内容与学生的心理因素、文化理解水平和认知特点脱节，就会适得其反，反而成为教学系统的“内干扰信息”。因此，在另一个班进行该内容教学的时候，笔者对音乐视频背景做了处理，用一系列东北的美丽风景与当年日军在东北屠杀的真实照片，制作了一个FLASH，配合音乐，课堂效果截然不同，学生很快进入情境，甚至有女生受到音乐感染，落下了眼泪。

三、从注意品质的特点看课件制作

心理学认为，注意是人对事物的定向活动，是对一定对象的指向和集中，注意是心理过程的一种状态。注意分为三种类型：有意注意、无意注意和有意后注意。在教学过程中，笔者往往看到这样的现象：为吸引学生的注意力，教师制作了精美的课件——色彩丰富的背景图、动态的小图标、特别的音响效果……教师的苦心，在于吸引学生对课件的注意力，但是不得不说，很多课件的设计细节中，却造成了学生的无意注意对有意注意干扰，反而分散了学生的注意力。在这里，笔者特别想谈一点：动态小图标和音响效果的使用。在一些公开课堂上，笔者会看到很多老师在以课件板书向学生呈现他所提出问题的时候，通常会在所提出问题的文字旁边加一个动态的问号或者一个动态的图标，希望能调动学生积极的思考；在课件板书翻页或者出现新的条目的时候，配合一定的音响效果，如在展示战争路线图时，配合炮火的声音。不可否认，动态效果与音响效果，是会吸引学生的注意力的。但从注意的选择功能看，正因为这样比静态的文字呈现更容易引起学生注意，所以往往会喧宾夺主，学生对动态图标和音响的无意注意成了焦点，而老师希望的学生有预定目的对问题的有意注意反而成了注意的背景。像上面提到的战争路线与炮火声的配合，结果却是，本来老师希望学生能够掌握并标志出战争的简单路线，而学生却将注意力集中在下次炮火声什么时候出现，是否逼真上。因此，在历史课件制作上，我们一定要充分把握究竟要传递给学生什么教学信息，尽量减少课堂的无关刺激因素。

四、从媒体资源整合看教师的作用

前面提到，凡是教学活动中信息的载体，都属于"教学多媒体"的组成部分。教师，在历史课堂中，也是重要的信息媒体。而笔者观察到，在一些历史课堂上，教师的媒体作用却往往被忽视，让位于作为现代教学手段的计算机媒体。

例如，在历史教学中，播放历史视频是常用的教学手段，但在视频播放的时候，有些教师只是将视频作为激发学生兴趣，以避免单调刺激使学生感到疲劳的手段；单纯为播放视频而播放视频，甚至播放视频的时间占据了一节课的三分之一的时间，对于通过历史视频要实现哪一步的教学目标缺乏思考。将视频播放单纯地当作替代老师讲述的工具，这种做法显然不当，有时候甚至会给学生的知识理解造成一些干扰。教育学研究者指出："我们的教学设计中，不仅要分析学生已经具备哪些有利于新知识获得的旧知识，为教学所积极利用，更要重视那些妨碍新知识获得的旧知识，尤其是非正规途径获得的那些旧知识。这后者往往被教师忽略。"例如，在讲三国演义的时候播放《赤壁》，讲秦始皇时播放《英雄》，虽然这些热门的影视作品能激发学生产生很大的兴趣，但是，学生的大多数兴趣在于影视作品，而不在于历史知识本身。这些影视作品戏说的成分很多，又容易让学生将影视作品的虚构代入历史的真实。解决这个问题的方法，就是不能忽视教师作为历史课堂知识媒体之一应起的作用。老师可在视频播放前引导性地提出问题，如：请同学们对照真实历史，找出影视剧里历史人物形象与真实历史人物有什么区别，让学生带着问题，目的性明确地观看视频。教师问题的设计、引导、启发的角度，是课外资源能否有效利用的关键。正如美国学者库尔指出："一堂课演讲是否吸引人，并不在于你的多媒体做得是否精彩，而主要在于你是否有精辟的思想"。

此外，在历史课堂上，还经常出现教师将计算机课件当作课堂的唯一文字信息的载体，而抛弃了传统的媒体——黑板的情况，甚至在有些多媒体教室，黑板已经消失。笔者认为，黑板这种传统教学媒体，在课堂上，特别是在历史课堂上，依然有不可取代的作用。计算机课件的使用，虽然有信息容量大、形式丰富的特点，但正是由于其信息量大，且信息传递的速度比传统的教学媒体快，学生并不容易完全将信息捕捉并分析出有效信息。对于历史教学而言，教学内容的线索性、知识的内在联系性在一页页翻动powerpoint展示中并不容易体现，学生缺乏对一节历史课整体脉络的把握，不容易产生生成性问题和掌握生成性的知识。"教学过程中，生成性是有效使用学习策略重要的原则之一，是指在学习过程中要利用学习策略对学习的材料进行重新加工，产生新的东西。"如果选择的注意对象转瞬即逝，学生深层的心理活动便无法展开，也就无法进行正常的学习。因此，为了让学生能将课堂教学中各种媒体传递的信息内化成自己的知识，教师在使用计算机课件的同时，最好是有形成体系的主干知识的粉笔板书的辅助。

最后，从三维目标来看，一节好的历史课，传递的除了知识信息之外，还有情感信息。教师本身，就是这种情感信息传递的重要载体，其重要性远远超过任何机器媒体。例如教师和蔼可亲的表情、信任而赞赏的眼神、适合的手势、恰当的语调，都有利于师生间形成积极的互动和良好的学习氛围。而在老师与学生的互动（如提问、表情变化、眼神交流）之中，老师得到学生对新知识掌握情况的反馈，学生得到老师对自己知识掌握情况的评价，形成一个良性的信息传递循环，这些都是机器所不能实现的。

在今天的历史课堂上，多媒体教学手段的使用是必须的，其作用也是积极且巨大的。但作为历史教师，应该谨记，任何媒体都只是教学手段而非教学目标，是方式而非结果，是辅助而非主体。教学活动中的最基本要素，始终是人，而教师，应该成为将各种媒体、人、教学目标、课程资源的因素整合起来的课堂组织者。

参考文献

[1] 张大均.教育心理学 [M] .北京：人民教育出版社，2003.
[2] 王雁.普通心理学 [M] 北京：人民教育出版社，2002.
[3] 莫雷.教育心理学 [M] .广州：广东高等教育出版社，2005：530.

信息技术与初中历史课堂的整合

汕樟中学　吴粤峰

一、研究背景：历史新教学模式需要新型信息软件辅助

（一）历史学科核心素养对历史教学的要求

随着新课程改革的推进，取得优异的学习成绩不再是初中历史教学的唯一目标，而是要培养学生历史学科核心素养。传统的历史教学模式，重视历史基础知识的“背多分”，轻视理解，轻视思维。学生是一个容器，教师不断把知识灌入其中，让学生进行记忆，认为背得多就学得好，最终导致课堂气氛沉闷，学生学习缺乏兴趣，对历史知识不理解。从2015年广东中考率先在试题中大量增加考查学生历史学科核心素养的试题，这对老师和学生都是新挑战。传统的历史教学模式已经无法满足培养学生历史学科核心素养与中考的需要。

（二）跨学科的历史教学模式的趋势

为了改变传统历史教学模式，适应新需要，跨学科的历史教学模式逐渐成为历史教学新方向。它对学生核心素养的培养有较大的现实意义。跨学科历史教学使历史与其他学科的教学结合，学生在同一堂课从不同的角度对同一个历史问题进行分析，使学生学会运用多学科的知识去解决历史问题，从而培养学生核心素养。同时它也可以使学生摆脱对历史知识的死记硬背，在理解的基础上去掌握历史知识。

（三）新型信息教学软件的兴起

信息技术辅助初中历史教学已经成为常见的历史教学模式。信息技术软件的类型多种多样，其功能各不相同。Powerpoint软件是教师最常用的辅助历史教学的工具，它操作简便，运用广泛，但它是一种单一线性演示，无法把分散的历史事件形成网络，对于培养学生历史学科核心素养有较大局限性。要推进信

息技术与初中历史教学的整合，只有让不同类型软件发挥不同的优势。一般来说，信息教学软件按功能划分有三种类型：演示型、交互型、拓展型。

本文基于新型教学软件Focusky、希沃授课助手、Plickers，使用它们来辅助初中历史教学的研究，并将其实际运用到历史教学中，分析新型信息软件在初中历史课堂中的教学效果。

二、在教学设计中运用Focusky软件能培养历史学科核心素养

（一）Focusky软件的特点

Focusky 是一款免费非线性动画视频制作软件，由国内某公司自主研发而成。它采用了故事画板和缩放式用户界面（Zooming User Interface，ZUI）的方式，构建三维视觉体验，进行放大、缩小、移动、旋转等操作。使其仅仅用一张画布就可以实现海量内容的展示，在整体和部分内容间自由灵活切换。Focusky软件在初中历史教学中与传统的幻灯片演示软件Powerpoint对比，有明显优势，它弥补了Powerpoint软件在交互、动态效果等方面的不足。它的动态化效果有利于培养初中学生的时空观念，对于利用信息技术提高历史教学水平有一定的价值。Focusky演示软件的特点如下：

1. 任意缩放动态化效果

Focusky 软件的开始页面是一张可缩放画幕，可以即时拉近推远。软件通过缩放、转场动态效果，使历史教学演示变得生动有趣，可提高学生的学习兴趣。使用Focusky软件制作历史课件时，教师可以将历史知识在页面上以思维导图的形式或者地图的形式全部展现，把相关历史事件标注在地图或思维导图中，按画面的呈现顺序可以使学生从宏观上了解整个历史事件或整个地图，同时通过缩放，使学生们的注意力迅速集中于教师所呈现的历史事件当中。初中历史教学是由浅入深、由分散到整体的过程，传统教学软件Powerpoint直线展现模式（图1），已无法适应当前的教学模式。用Focusky 制作课件可将教师的教学思路表现得非常清晰，通过历史事件以网状结构呈现，有利于学生建立知识树状框架，培养学生树立时空观念，使得呆板难懂的知识理解过程变得直观而有趣，大大提高历史教学效率。

巧渡金沙河

飞夺泸定桥

爬雪山

图1

2. 简单易用的操作

教师使用Focusky软件设计教学课件时可在画布上直接插入文字史料、图片、视频和各种图像等素材，操作简单明了，不需要具备过多的专业知识。软件素材库中有大量动态效果和模板，教师可以直接套用模板，既能节省教师精力，又能制作出美观的课件。同时，软件可以支持flv、mp4、avi、wmv、rmvb和3gp等多种常见格式的视频导入，且导入的视频直接插入课件之中，因此，教学过程中无须像Powerpoint软件一样要提供原始视频文件。

3. 交互方式多样

相对于Powerpoint交互方式缺乏，Focusky 软件拥有强大的交互方式。

Focusky 软件在制作历史课件时可以设置交互按钮、交互热区等。在演示过程中，模块化的交互方式可以使不同页面相互独立，利用鼠标可以在交互页面中快速切换。教师在教学时可以设计一个交互按键切换到练习或者讨论中，有利于学生边学边练习，充分调动学生的学习积极性，达到学以致用的目的。同时该软件交互切换方便，教师教学时只需简单拉倒或者按键就可以进行从整体到单独历史事件的双向切换，有利于学生构建历史发展历程，培养学生历史学科核心价值观。

4. 兼容性强

传统软件Powerpoint只有单一的输出格式，而Focusky 软件支持的输出方式比较多，运用更加广泛。它可以发布网页格式在手机、笔记本、平板电脑等多媒体设备上观看，可以发布支持Windows的格式，还有苹果电脑本地浏览格式，而且不需下载任何应用软件。

（二）Focusky 软件在初中历史教学中的优点

1. 有利于激发学生的学习兴趣

传统历史教学重视记忆，学生总觉得历史课枯燥乏味，根本无法培养学生历史核心素养，甚至会导致少数学生产生厌学心理。在历史教学中运用信息技术跨学科整合，如在介绍红军长征过程时，我利用Focusky软件加入史料、视频片段，使枯燥的历史课变得有趣精彩，每时每刻都在调动学生的思维，提高学习兴趣。

2. 有利于培养学生树立时空观念

Focusky软件可以使地图、时间轴等可视化、动态化，在学生大脑中形成一个整体历史知识体系，构成时空观念，促使学生探索历史事件内部联系，促进学生对地图与时序的理解、记忆。

3. 有利于提升历史理解能力

传统历史教学是从概念到概念的直线思维，即便日常使用Powerpoint 课件，也是采用直线式一页一页地进行演示。Focusky课件可以缩放工具，实现历史事件整体与细节的无缝切换。它符合历史教学中对于历史事件的认知规律，应用Focusky进行课程教学，能培养学生历史理解能力及思维能力。

4. 有利于扩充课堂信息容量

传统历史教学中，教师在课堂上需要大量板书，讲解历史事件，不仅效果不好，而且浪费时间。Focusky 拥有简单易用的操作特点，在教学中教师直接将地图、史料、视频、典型例题导入课件中，能在有限时间内，对学生进行直观展示，提高课堂信息量，提高教学效率。

三、在教学过程使用希沃授课助手能提高教学效率

（一）希沃授课助手软件的特点

希沃授课助手能实现手机与电脑同步，将手机上的图片、课件投影到大屏幕上。同时教师可以利用手机来控制电脑。希沃授课助手能有效弥补Powerpoint软件交互方面的不足，提高历史课堂师生互动水平，希沃授课助手软件的特点如下：

1. 手机操控电脑功能

希沃授课助手可以将手机和电脑通过网络连接，从而利用手机操控电脑屏幕。在教学过程中，我们可以用手机操作电脑上的课件或视频。教师可以摆脱教学平台的束缚，一边巡查学生的学习情况，一边操控课件，同时能对课件内容进行批注、放大或缩小等。

2. 拍照与摄影功能

希沃授课助手可以通过wifi将手机与电脑连接，当我们在课堂上与学生互动时，我们就可以利用拍照上传功能，将学生的答题情况通过手机拍照显示在屏幕上，教师可以进行及时点评并且可以在展示的内容上进行及时的批改或者添加修正线等。希沃授课助手还可以把手机变成一台摄影机。在历史教学中，教师可以实时展示某学生的解题过程，让全班同学都了解该学生的解题思路和过程。这样有利于提高学生的学习主动性，加强师生之间的互动。

（二）希沃授课助手软件在初中历史教学中的优点

1. 改变传统教学方式，拉近师生距离

传统黑板教学的环境，教师与学生距离较远，特别是教室后排的学生，教师无法对他们的学习情况实时掌握，因此学习效果较差。即使信息技术在课堂广泛运用的今天，教师仍然被束缚在讲台电脑前。希沃授课助手通过手机与电脑连接，使教师摆脱束缚，走到学生中间。教师能观察每一个学生在课堂上的表现，实现真正的人机互动。它解放了教师，改变了传统历史课堂教学模式，师生实现零距离交流。

2. 改变交互模式，提高课堂教学效率

传统历史教学的交互方式主要是教师提问，学生回答，学生很难清晰地表

达自己的思路，其他同学无法直观地看到同学的解题流程。教师可以一边检查学生的作业情况，一边利用希沃授课助手的拍照、摄影功能，实时将学生作业和解题过程展现在大屏幕上，教师实时进行点评。这样既能激发学生的学习积极性，又能对学生存在的问题及时进行讲解，提高课堂教学效率。

四、在练习时使用Plickers可以实时反馈教学质量

（一）Plickers软件的特点

Plickers是一款免费即时学生反馈系统。该软件具有实时性的特点，老师可以充分利用手机和打印编号卡片。当练习时，学生拿起卡片，教师用手机扫一扫，就能实时统计出练习结果。（图2）

图2

（二）Plickers软件在初中历史教学中的优点

Plickers软件有利于实时反馈教学问题，提高教学质量。课堂反馈一直是历史教学的一大难题。传统历史教学教师一般采用提问或举手等方式，了解学生的答题情况，很难实时地全面地了解每名学生的学习情况。随着信息技术的发展，部分学校已经使用平板电脑来让学生回答问题，进行实时反馈。但这种方式成本较高，许多学校现阶段难以实现。Plickers软件就很好地解决了这一难题，它成本低，只需卡片和手机，能让老师实时掌握全班学生的反馈信息，以合理安排教学，及时解决学生在学习方面存在的问题。

总之，将信息技术用于初中历史课堂教学，符合当前培养学生历史学科核心素养的需要，具有一定的实践价值。在历史教学中合理运用不同类型的信息

技术软件，完成不同教学任务和教学目标。在教学设计时，运用Focusky软件能激发学生的学习兴趣，培养学生的历史核心素养。在教学中，运用希沃授课助手可以拉近师生之间的距离，提高教学效率。在练习时，运用Plickers软件有利于实时反馈教学问题，提高教学质量。在初中历史教学中，教师应合理利用信息技术软件开发课程资源，以提高课堂教学效果。因此，本文根据信息技术与初中历史教学跨学科整合理论，结合不同信息软件的特征，设计不同信息软件在初中历史教学计划与课堂中应用。通过多款信息软件在历史课堂教学中的应用研究，一线历史教师能开阔教学思路，增强多媒体教学意识，逐步掌握现代化的教学工具，摸索出新的历史教学方式，从而培养学生历史学科核心素养和提高历史成绩。

参考文献

[1] 徐友成.培养学生历史学科核心素养的途径探赜［J］.成才之路，2018（12）.

[2] 李玲.例谈转变历史教学模式，培养历史核心素养［J］.学周刊，2018（21）：107.

[3] 万珂.中学历史教学模式分析：基于学科教学专业硕士论文的研究（2001—2015）［D］.河南大学，2017.

[4] 赵冬梅.论历史教学的创新教育［J］.成才之路，2008（4）.

[5] 熊金洁.基于初中历史教学需求下的核心素养培养［J］.商情，2018（25）.

[6] 李红珍.初中历史课堂有效教学行为研究［D］.苏州大学，2010.

[7] 季华娜.高一学生历史核心素养：历史时空观念的培养策略［J］.考试周刊，2018（45）.

扫一扫下载课件
《中国工农红军长征》

扫一扫下载课件
复习课《中国近代化的探索》

第七章

历史活动课与历史研学旅行

多元智能理论下的跨领域历史活动课设计

聿怀初级中学　林泽润

美国哈佛大学教育研究院的心理发展学家霍华德·加德纳（Howard Gardner）认为，智力是人在特定情境中用以解决实际难题或创造出有效产品所需要的能力，其本质特点是多元性，而跨领域的教学模式是促使学习者智力多元发展的有效途径。

根据加德纳在《心智的架构》（*Frames of Mind*，Gardner，1983）中的提法，他将人类的智能大致分成九种相对独立存在的智能成分：语言、数理逻辑、视觉空间、身体—运动、音乐、人际—交往、自知—自省、自然探索、存在。加德纳“多元智力理论”的九种智能成分及范畴见表1。

表1

序号	智能	大致范畴
1	言语—语言	倾听、阅读、理解、写作、发表演讲、采访等能力
2	数理逻辑	运用公式、逻辑推理、计算、测量、数据、表格形式等能力
3	视觉空间	色彩、线条、建筑、立体空间想象、绘画、欣赏图片、视频等能力
4	肢体—运动	舞蹈、表演、模仿、实验操作、手工制作、走访、运动等能力
5	音乐	欣赏音乐、弹奏乐器、敏锐感知旋律、节奏、音色等能力
6	人际—交往	与人交往、理解关心他人，分工合作过程的组织、动员、协商的能力
7	自知—自省	正确认识自己、自尊、自律、爱独处、经常反思的能力
8	自然探索	对于自然（动植物和其他自然环境）的探索和对社会的探索能力
9	存在	对生命、死亡和终极现实提出问题，对世界本源的解释、对人类历史发展趋势与道路的探索

人的智能具有差异性、协同性和发展性几个突出特点。差异性，指不同智力成分在个体身上的组合方式和水平并不尽然相同，也因此每个人的最终智力表现存在极大的差异性，如有的学生是言语—语言智能比较出色，那该生在阅读、写作、语言表达的能力会比较优秀；如有的学生是数理逻辑智能出色，那该生对逻辑推理、数据、计算、表格等相对敏感；也有的学生是视觉空间智能突出，那该生可能具备优秀的绘画水平。协同性指人的九种智能成分并不是单一地运作，不同智能成分是相互交融，共同协作的。发展性指“个体的智能受一定的环境、文化、社会因素的影响，对个体施加一定的指导与鼓励，学生的智能就能发展到更高的水平。”

活动课，是指在学科课堂教学之外，由学校和教师有目的、有计划、有组织通过各种活动项目和活动方式，综合运用课堂所学知识，开展以学生为主体，以实践性、自主性、趣味性和创新性等为主要特征的多种活动内容的具体实践活动。历史活动课，除了普通活动课的特性外，还必须具备历史性。所谓历史性，一是活动课的开展，以历史知识为主要依托，能够激发学生的历史学习的主动性，深化学生对历史的认识；二是活动课的教学目标，要围绕历史学科唯物史观、时空观念、历史解释、史料实证和家国情怀几大核心素养的落实而设计。我们说，历史活动课必须具备历史性，并非说历史活动课的内容、框架仅仅限定于历史学科的范畴，相反，为实现活动课的实践性、自主性和趣味性等特性，历史活动课的设计往往需要多个领域的知识融合，跨领域的设计视野，将使历史活动课更加灵动地贴近学生的认知水平和生活实际。也有利于发掘学生的优势智能，同时通过合理的小组组成和分工，弥补短板，使智能发展的协同性和发展性得以实现。下面以我们所组织过的活动课案例“校园好声音”来说明。

“校园好声音”之“以经典歌曲回眸中国 20 世纪历史”活动是在八年级第二学期历史学习结束后，我校历史科组组织学生进行的活动课。活动形式主要是组织学生收集、演唱中国 20 世纪的经典歌曲，通过音乐作品的视角去了解 20 世纪中国的重大事件、社会变迁以及人们的精神面貌。

1. 活动准备

（1）班级学生分为 4 组，每组 9 人，选出一位组长。

（2）教师将经典歌曲分为四大主题，组长在活动课前 1 个月进行抽签，确定届时展示的歌曲主题和展示顺序，四大主题如下：

抗日战争时期：抗日救亡之歌

国共内战时期：推翻蒋家王朝

欢庆胜利时期：中华人民共和国的成立

改革开放时期：社会主义建设新篇章

（3）展示及演绎歌曲：各小组按自己所抽签的主题，由组长分配好任务，收集资料，选择展示方式，制作多媒体课件（为收集到的歌曲资料撰写介绍，包括所选经典歌曲的背景、作者的基本信息等）剪辑好背景音乐或视频等（注：各小组要演唱的主题歌曲数量是 2 首，各小组要认真编排本组组员展示的次序），准备时间为两个星期。

（4）手绘封面：各小组依据自己所抽签到的主题及选择的歌曲，绘制一张合适的专辑封面图。表2为各小组按主题分类在课前收集到的部分歌曲资料。

表2

主题	经典歌曲
抗日战争时期：抗日救亡之歌	《松花江上》《五月的鲜花》《长城谣》《大刀进行曲》《义勇军进行曲》《抗敌歌》《黄河大合唱》等
国共内战时期：推翻蒋家王朝	《团结就是力量》《中国人民解放军进行曲》《解放区的天》《人民解放军占领南京》等
欢庆胜利时期：中华人民共和国的成立	《东方红》《人民领袖万万岁》《我们是民主青年》《你是灯塔》《忘不了共产党的好恩情》《没有共产党就没有新中国》《我是一个兵》等
改革开放时期：社会主义建设新篇章	《春天的故事》《走进新时代》《我爱你，中国》《在希望的田野上》《乡恋》《东方之珠》《爱我中华》《我们的生活充满阳光》《好日子》《大地飞歌》等

（5）“老歌新唱”：各小组再自行选取自己收集到的其中一首经典歌曲的一个片段（时间长度不短于 1 分钟），以“2019年中华人民共和国成立70周年”为背景，以“见证峥嵘七十载，同心共筑中国梦”为主题，填写新词，排练演唱。

（6）邀请班级的班主任、科任老师和本校的历史、音乐、语文和美术老师作为此次活动的评委。

2. 活动过程

（1）两位学生主持人，揭开活动开始序幕。

（2）经典歌曲展示：各小组按照抽签顺序先后上台展示，打开已做好的多媒体课件，由小组成员介绍收集到所属主题的经典歌曲，再由所有小组成员一起演唱其中的 2 首经典歌曲片段。

（3）各小组展示自己为所负责主题绘制的专辑封面。

（4）活动反馈：各小组演唱完毕后，就收集资料过程中，围绕所选主题的经典歌曲写一段感想。

（5）“老歌新唱”：各小组展示“老歌新唱”（以“2019 年中华人民共和国成立 70 周年”为背景，以“见证峥嵘七十载，同心共筑中国梦”为主题，在经典老歌的旋律基础上，填写新词，进行演唱）。

（6）由评委老师进行评比，以组为单元，根据分数高低选出最佳歌曲演绎奖2名，最佳多媒体课件奖1名，最佳文字编辑奖1名，最佳歌曲专辑封面奖1名，最佳歌词奖1名，最佳团队奖1名（评判标准：收集资料的数量、正确程度、多媒体课件的精致程度；歌曲展示时的声音、情感、编排；歌曲专辑封面绘制是否符合时代特色，是否符合主题及其美观度；活动反馈的感想是否具有真情实感、结合身边时政；“老歌新唱”环节歌词是否符合主题、歌词的文采、演唱状态；小组合作的默契程度）。

跨领域的思维模式，在本次活动课中体现明显，具体分析“以经典歌曲回眸中国 20 世纪历史”活动课中各环节与相关学科分析见表3。

表3

活动环节	相关学科
按主题查找歌曲，撰写歌曲介绍	历史、音乐、语文
制作多媒体课件，剪辑背景音乐或视频	历史、信息技术、音乐
演绎歌曲	音乐
手绘封面	历史、美术
活动反馈	历史、语文
老歌新唱	历史、语文、音乐

由表3可见教师在进行教学设计时，融合了多学科的活动形式，充分考虑到

了学生在不同学科上的多元智能差异，使学生在同一课堂上能利用不同的环节展现自我智能优势，弥补弱势，有利于学生主动融入课堂，实现个性化发展和多元智能的发展。

另外，不同学生个体存在智能组合的差异，教师要正视并尊重学生个体间的多元智能差异，在组织活动课时应尝试设计多元化的活动环节，引导学生按不同智能差异进行分组合作。小组合作应容许不同学生个体存在智能差异，不同的智能差异进行组合，通过多元化的活动形式，使各小组能够形成互补，使每个学生个体都能发挥自身智能强项，更有利于学生个性化发展。

例如，在“校园好声音”之“一起唱戏剧”的活动课中，在教师引导下，将班级学生分为7组，每组5人，选出一位组长，组长在活动课前2周进行抽签，抽到的题目即届时活动课上要介绍及演唱的戏剧片段，各小组按自己所抽签的题目，由组长分配好任务，网上收集文字介绍、图片及影像等资料，制作多媒体课件，介绍经典戏剧剧目及演唱该剧目的一个唱段（注：唱段时长不短于3分钟），剪辑好背景音乐或视频，准备时间为两星期。

在以上活动课的任务中，学生需充分利用语言—言语、视觉空间、肢体—运动、音乐、人际—交往等多种不同的智能来共同完成活动。学生可依据自身的智能差异进行分组组合，如小组A中学生甲在同学中威望较高，也具备一定的领导才能，乙擅长网上收集资料，学生丙擅长制作多媒体课件，学生丁在课外兴趣班学习过唱歌表演，甲、乙、丙、丁四位同学存在智能差异，但又能形成互补，协同小组同学一起分工合作，既能保证活动任务的顺利完成，也能促进小组学生个体的个性化发展。

本次活动课中，跨领域的设计模式，也有利于学生智能的协同发展，具体活动课各环节与多元智能的协同工作见表4。

表4

活动环节	多元智能的协同工作
按主题查找歌曲，撰写歌曲介绍	言语—语言、音乐、人际—交往
制作多媒体课件，剪辑背景音乐或视频	言语—语言、数理逻辑、音乐、人际—交往
演绎歌曲	音乐、人际—交往
手绘封面	言语—语言、视觉空间、人际—交往

续表

活动反馈	言语—语言、自省
老歌新唱	言语—语言、音乐、人际—交往

合理的教学评价标准，是检验历史活动课设计是否科学的途径。在“校园好声音”的活动课上，教师设置了以下评价项目（表5）。

表5

奖项	评价标准	素养目标
最佳表演奖	声音优美、情感契合历史时代感、编排合理，所选歌曲与限定历史主题吻合	时空观念 历史理解 家国情怀
最佳多媒体课件奖	图文并茂、合理运用符合历史时代的背景音乐，所用图片翔实、精准	史料实证 历史解释
最佳唱片封面设计奖	展现时代特色、契合主题、艺术性强	家国情怀
最佳歌词创作奖	契合主题、符合历史原貌，语言科学、逻辑清晰合理，文字优美	家国情怀 历史解释
最佳团队奖	分工明确合理、合作氛围愉快，结合上述 5 项奖项评分	

综上所述，以跨领域思维设计历史活动课，既有利于学生多元智能的开发，也有利于开拓历史学习的途径，为学生搭建更广阔的学习平台，让教学与学生的生活更亲近，让历史教学由知识层面走向学科素养落实的高阶层面。

参考文献

［1］查亮亮.多元智力理论视域下高中历史活动课的实践探究［D］.金华：浙江师范大学，2014.

［2］索春芳.在历史活动课中探索德育的新内涵［J］.中国教育技术装备，2012（31）：72-73.

案例　活动课：中国传统节日的起源

（部编版中国历史七年级下册第22课）

聿怀初级中学　陈婕欣

【活动主题】

中国传统节日——清明节。

【教学目标】

1. 时空观念

通过对材料的分析，让学生感受在不同时空框架下，清明节包含的文化内涵起到的特殊作用。

2. 史料实证

通过对史料的辨析，判断历史故事的真实性，并从中体会实证精神。

3. 历史理解

通过图片、材料、话剧表演等方式，让学生了解清明节的起源、习俗、礼制、文化内涵，对整个清明节的形成过程有一个合理的想象，更好地感悟和理解清明节在历史上起的作用。

4. 历史解释

通过国共两党共祭黄陵照片的分析，让学生学会挖掘清明节的内涵，对国共两党在特殊年代共祭黄陵做出合理的解释。

5. 历史价值观

认识到清明节包含的文化内涵在历史进程中已上升为一种民族精神，体现着强大的文化凝聚力与民族凝聚力，有利于激励一个民族、国家不断前进、发展、强大。

【相关学科和领域】

（1）运用语文知识对历史材料进行解读。

（2）运用表演艺术展示舞台剧。

（3）运用信息技术制作PPT。

【活动方案】

1. 分组

分成四个小组，每组由一名组长组织、分配各项工作。

2. 各项工作安排及指导

第一组：清明的起源——舞台剧表演。

（1）对介子推割股啖君、绵山受焚的故事有一个初步了解。

（2）写剧本。请语文老师教学生编写剧本，学生学习后写出剧本初稿，再在语文老师的指导下，对剧本进行修改，最后定稿。

（3）制作道具。学生根据剧本、舞台表演需要，动手制作道具。

（4）排练舞台剧。学生先根据所写剧本进行初步排练，再请音乐老师进行舞台表演指导，形成最终的舞台剧表演。

第二组：对介子推割股啖君、绵山受焚故事进行质疑。

（1）观看表演后，提出疑问。

（2）就提出的疑问进行讨论，提出自己的观点，再通过网络等途径找出相关史料来论证自己的观点。

（3）整理有效的史料，对疑问进行解答。

第三组：清明节的习俗。

（1）通过图书馆、网络等方式，收集关于清明节习俗的史料（诗歌、绘画作品等）。

（2）通过采访等方式，收集潮汕地区清明节的习俗，并进行整理。

（3）制作PPT，分享清明节的习俗。

第四组：清明节的礼制和文化内涵。

（1）收集史料，整理历史上不同时期官方对清明节的不同政策。

（2）收集清明节在不同历史时期起到的作用。

【评价与提升】

1. 小组评价（A/B/C/D）

考核内容＼成员	组长	成员1	成员2	成员3	成员4	成员5	成员6	成员7
纪律表现								
积极交流重视合作								
主动收集资料								
积极发现问题、大胆提出问题								
动手能力								
表达能力								
作业参与程度								
老师评价								
建议或意见								

2. 小组总结

请结合以上评价要素，简述小组的优点和提升点。

【教学过程】

（一）导入

（播放沙画《清明》）

师：上课之前，同学们都看了视频，视频中描述的是哪个传统节日？

生：清明节。

师：这节课我们就从清明的起源、习俗、礼制和文化内涵四个方面来了解清明节。

（二）新课教授

1. 清明的起源

师：首先是这首熟悉的诗歌《清明》，我们齐读一下。从这首诗我们可以看到，清明时节的天气怎么样？

生：雨多。

师：清明时节的气氛怎么样？

生：悲伤、悲凉。

师：从哪里可以看出来？

生：欲断魂。

师：我们都知道，清明不仅是一个节日，而且还是一个重要的节气。同学们知道，一年共有多少个节气？

生：二十四个。

师：清明就是春季里极为重要的一个节气。为什么呢，我们来看一下。

（展示材料）“春分后十五日，斗指丁，为清明，时万物皆洁齐而清明，盖时当气清景明，万物皆显，因此得名。” ——《历书》

“春分后十五日，斗为丁”，斗指的是北斗七星，北斗七星指向丁的方位，就是清明。说明节气与地球的公转有关。

“时万物皆洁齐而清明”，这时万物洁净清明。

“盖时当气清景明，万物皆显”，是因为这时气候清爽、景色明朗，万物都很鲜明。我们都知道，清明一到，气候会发生怎样的变化？

生：下雨、变热。

师：气候变暖，雨水多，最适合哪个行业发展？

生：农业。

师：是的，清明是耕种的好时节，所以有农谚“清明前后，种瓜点豆”。

师：在中国人的观念里，节气和节日虽然都是时间节点，但是节气强调的是气候，而节日突出的是习俗活动。清明原本是节气，后来演变成传统节日，这与一个传说有关系。现在我们请几位同学上台为我们表演。

（学生表演。）

备注：这一部分由学生表演清明节的起源，增加课堂的趣味性。

师：感谢几位同学的精彩表演，从表演中我们可以看到介子推在晋文公流亡期间割股啖君，待晋文公成就霸业后又归隐山林，最后与母亲在绵山受焚。我们在之前进行探究活动的时候，有一个同学对这个故事提出了几点疑问。现在我们请同学A上台来跟我们分享一下。

（学生对介子推故事的疑问。）

A：各位老师、同学们，早上好。介子推割股啖君、绵山受焚的故事流传甚广，但是我对这个故事有一些疑问，现在分享出来，希望能有同学帮我揭开疑惑。

首先是这个“股”字，我们今天说股，同学们会想到身体的哪个部位？

生：屁股。

A：但是在古文里面，“股”不是屁股。我有两个证据说明。

《战国策·秦策》中有这样一句话“读书欲睡，引锥刺其股”，这是哪个故事？

生：悬梁刺股。

A：大家知道刺的是哪里吗？

生：大腿。

A：《论语·宪问》也有这样一句话“膝上曰股，膝下曰胫”，“膝”指的是哪里？

生：膝盖。

A：同学们摸摸自己的膝盖，再摸摸膝盖上面这部分，你摸到身体哪个部位？

生：大腿。

A：所以，膝上这个“股”就是大腿了。

生：这说明介子推割的就是大腿肉而不是屁股肉，如果是屁股肉那还有可能，重点就在这个大腿肉。从生物学上来讲，大腿上有很多血管，还有动脉，割一大块肉下来，会流失非常多的血，以当时的医疗条件，介子推是不可能活下来的。

师：A同学觉得，以当时的医疗条件，如果从大腿割一大块肉下来，介子推会失血过多而死，对此，同学们有什么看法呢？

生：介子推是可以活下来的，因为割肉有可能割的是表层，如果他是剐肉，那可能才会伤到动脉，不过他可能会疼晕过去，但不会死。

A：古人说“身体发肤，受之父母”，臣子可以为国君卖命，但绝不轻易伤害自己的身体，在当时的环境下，舍生取义的人很多，但伤害自己身体的事情就很少听说了。

生：“身体发肤受之父母”，我记得这句话是出自儒家的《孝经》，而春秋时期，儒家思想并不是正统思想，影响范围也不广。上学期我们学过西汉的历史，董仲舒提出罢黜百家、独尊儒术，才确立了儒家思想的正统地位。所以我觉得介子推还是有可能割股啖君的。

A：第二个问题是关于重耳在流亡时候的雄心壮志。《史记》记载，齐桓公妻之，有马二十乘，公子安之。从者以为不可。将行，谋于桑下。蚕妾在其上，以告姜氏。姜氏杀之，而谓公子曰：“子有四方之志，其闻之者，吾杀之矣。”公子曰：“无之。”姜曰：“行也！怀与安，实败名。”公子不可。姜与子犯谋，醉而遣之。醒，以戈逐子犯。重耳流亡到卫国的时候，已经将近60岁了，一个将近60岁还朝不保夕的人要说还有什么豪情壮志，我觉得都不太可能。重耳在国外颠沛流离辗转来到了齐国，“齐桓公妻之，有马二十乘”就是说齐桓公给他娶了个妻子，还给了他八十匹马。对于一个将近60岁的人来说，在当时，就是半截身子进入黄土了，好不容易苦尽甘来，好吃好喝伺候着，还要冒险回到晋国做什么？所以有这句话“公子安之”，重耳对这种生活很满足。后来，狐偃等人怕重耳沉迷享乐，丧失斗志，于是把他灌醉了偷偷带出齐国，房子车子都不要了，“醒，以戈逐子犯”，戈是古代的兵器，子范是狐偃，就是说重耳醒来的时候很生气，拿起戈就去追击狐偃，要杀了狐偃。所以说重耳在逃亡期间一直保持着雄心壮志，我觉得是不太可能的。

师：好，A同学觉得，重耳年纪大了，不太可能一直保持着雄心壮志，你们觉得呢？

生：曹操的《龟虽寿》中有这样一句话，“烈士暮年，壮心不已”，就是说英雄到了晚年，雄心壮志并没有减弱，曹操写《龟虽寿》的时候已经不年轻了，所以不能因为重耳年纪大，就说他失去了雄心壮志。

A：可是每个人都不一样啊，从《史记》来看，重耳就是失去了雄心壮志了。

生：我课后可以去找多一些史料来论证。

A：我还有第三个疑问。关于介子推绵山受焚的故事，我觉得这个故事有一定的虚构性。先秦史书或《史记》在记载介子推时，都没有记载这个故事。第一部记载介子推生平的史书是《左传》，此书记载于春秋末期。在其中的一篇《僖公二十四年》就有说到介子推，其中“遂隐而死”，这句话只说介子推隐居，并没有确凿证据说明介子推是被火烧死的。

生：有一本专门记载晋国的书，叫《晋史乘》，书中就提到介子推被火烧死。

A：查找资料的时候，我也刚好有看到这本书，但是这本书的成书年代和作者都不祥，真伪难辨，没人证实，所以不足以为信。

A：关于介子推拒绝封赏的事。我觉得这个是有可能的。《史记》没有记载介子推割股啖君，但是在重耳过黄河的时候，《史记》记录了介子推的出场，“是时介子推从，在船中，乃笑曰，‘天实开公子，而咎犯以为己功而要市于君，固足羞也。吾不忍于同位。’乃自隐。”当时狐偃在河边不跟重耳走了，变相向重耳讨封赏。这时，介子推说“是上天在保佑公子，而子犯却以为是自己的功劳而向君王讨赏，太无耻了，我不愿与他同朝共事。”介子推对狐偃的讨赏行为嗤之以鼻，表现出自己清高的一面，所以介子推拒绝封赏是有可能的。

A：以上是我对介子推故事的一些疑问，有说得不对的地方，请老师、同学们帮我指正。

备注：学生质疑故事的真实性并进行探索，通过收集史料、分析史料，甚至提出问题，进行讨论，体现了历史的实证精神。

师：在古代，我们中国被称为诗的国度，关于清明的诗也有很多，除了我们刚上课时朗读的杜牧的《清明》，还有哪些诗跟清明有关呢？我们接下来进入“飞花令”环节，请同学们说出含有“清明”二字的诗句。

生：……

师：同学们都非常棒。同学们刚才说完这些诗歌，有没有发现，这些诗歌中都包含着清明的习俗，其中最突出的习俗有两个，是什么？

生：扫墓、踏青。

师：嗯，扫墓和踏青，接下来我们就来了解一下清明节的习俗。有请B同学为我们讲解。

2. 清明节的习俗

B：各位老师、同学们，大家早上好，刚刚我们从同学们的表演中了解了清明节的起源，那清明节的习俗是怎样的呢，下面由我来向大家介绍。作为中国的传统节日，清明节最主要的习俗是什么？

生：扫墓。

B：我们潮汕地区也不例外，清明节我们也要扫墓，但是我们潮汕话把扫墓又叫作什么？

生：“过纸”。

B：是的，但是很多同学都不知道过纸是什么意思，其实，“过纸”也就是“挂纸”又叫“压纸”，是我们扫墓的一个环节。我们潮汕人到墓地时，首先要做什么？

生：锄草、清理杂草树枝。

B：没错，我们要先将墓地上的杂草、树枝清理干净，然后开始压纸，就是用小石块将长方形的墓纸压在墓头、墓碑及墓旁边的土地神，这就是我们俗称的挂纸。接下来要做什么？

生：祭祀。

B：但是在祭祀的同时还要刷新墓碑上的字，你刷字的时候有什么讲究吗？或者说要注意什么？

生：先人的名字要刷绿色，其他的字要用红色。

B：没错，同学们上山扫墓的时候，可以去观察一下。刚刚我们说扫墓的时候要祭拜，我想问问大家，我们潮汕地区在清明祭祀的时候，会有哪些祭品？

生：鸡、鱼、猪肉、水果、朴籽粿、酵粿、鼠壳粿、红壳桃粿……

B：是的，有三牲，就是鱼、鸡、猪肉，还有水果，其中最具特色的就是潮汕的粿品，像刚刚同学们说的红壳桃粿、酵粿等等。我们清明节祭拜的粿品非常多。比如这一个是什么？（朴籽粿）对，据说啊，我们的先人每逢饥荒年，都会采朴籽树叶来充饥，后来，人们为了不忘记过去的艰辛，渐渐地就形成了清明吃朴籽粿的习俗。现在“朴籽粿”还有一个好听的名字，叫“潮汕抹茶蛋糕”。

B：同学们再看看这是什么？（鼠壳粿）鼠壳粿不叫鼠壳粿，它的学名叫鼠曲粿。这是应节粿品，为什么说是应节呢，首先，鼠曲草在这个季节生长得最旺盛，可以治疗咳嗽痰多、气喘等症状；其次，用鼠曲草做出来的粿品颜色是墨绿色的，很符合清明节庄严的节日气息。所以也就成为潮汕人清明节必备的祭品了。

B：刚才的飞花令中我们看到清明节有一个重要的习俗是踏青。宋代诗人吴惟信在《苏堤清明即事》中写道“梨花风起正清明，游子寻春半出城”，就表现出青年人结伴出城，踏青寻春的欢乐场面。这是《虢国夫人春游图》，同学们看一下这个服饰，是哪个朝代的？（唐朝）没错，这是唐朝的画作，画的是杨贵妃的三姐虢国夫人在清明期间盛装春游的景象，这也说明春游踏青是清明的一个重要活动。除了扫墓、踏青，清明还有“放风筝”的习俗。在《红楼梦》第二十二回中，探春写了一首灯谜诗 “阶下儿童仰面时，清明妆点最堪宜。游丝一断浑无力，莫向东风怨别离。”谜底是风筝，说明古时候清明节还有放风筝这个活动的。

B：不过我觉得这些习俗里面有一些可以改进。我想再问同学们最后一个问题。你们清明上山的时候，除了带祭品，还会带什么？

生：纸钱、打火机、锄头。

B：嗯，每年清明都会有火灾的新闻，都是因为烧纸钱引起的，这样既危险又污染环境，所以我觉得可以用鲜花代替烧纸钱，显心意又文明。

师：是的。清明节即将到来，同学们和家人在祭祖扫墓的时候，切记要文明祭扫。好，谢谢B同学的分享。

备注：通过史料，结合本地的习俗，让学生近距离地感受清明节的习俗，实现地方习俗与课程相结合。

3. 清明的礼制

师：刚才B同学为我们讲了清明的习俗，这些都是民间的习俗，但历代政府部门对这个节日也是非常重视的，而且还颁布了一些礼制。

寒食通清明，每逢寒食，放假三日。——《开元礼》

寒食、清明四日为假。——唐玄宗

寒食通清明，休假五日。——唐代宗

假期延至七日，寒食并入清明。——唐德宗

我们看一下这些材料，《开元礼》中说“寒食通清明”，因为寒食节有祭祖的习俗，而且和清明这个节气的时间很接近，久而久之，寒食节就并入清明节了，然后放假三日，这四段材料，同学们可以看到清明节有什么变化?

生：假期越来越长。

师：我们再来看一个材料。

国之大事，唯祀（祭祀）与戎（军事）。——《左传·成公十三年》

士庶之家，宜许上墓，编入五礼，永为常式。——《旧唐书·玄宗纪》

“国之大事，唯祀与戎”，我们可以看到，祭祀和军事是一样重要的，而且是国家的两件大事。第二句，上墓（扫墓祭祖），编入五礼，五礼指的是吉礼、凶礼、军礼、宾礼、嘉礼，编入五礼的清明祭祖属于“吉礼”。“永为常式”，“常”说明成了一个固定的仪式。从刚才两则材料我们可以看到，清明节放假时间越来越长，与国家军事并重，而且编入礼制，说明政府对清明节非常重视。

备注：通过大量的史料，证明清明节作为传统节日是如何并入礼制的。

4. 清明的文化内涵

师：为什么会这么重视呢?那就要来了解清明节的文化内涵了。有同学知道清明节的文化内涵吗?

生：我觉得是孝，对祖先的孝顺、孝敬。

师：很好，还有别的吗?

生：我觉得还有忠，忠孝，有对家的孝，才有对国家的忠。

师：这两位同学说得都很好，确实，在家国情怀上，清明节曾经发挥了它重大的历史作用。例如，在近代的时候，1931到1945年，中国面临着一场侵略，这场侵略来自一个国家，同学们知道这是哪个国家吗?

生：日本。

师：为此，中国掀起了一场抗日战争。在抗日战争前夕，毛泽东写过这样一首诗。我们齐读一下，《长征·七律》。

师：这首诗是描写长征中，红军遇到的种种困难，大家知道红军为什么要进行长征吗?

生：国民党的围剿。

师：这说明当时中国共产党和国民党之间的关系是敌对的，但是就在长征胜利结束的两年之后，国共两党在一起度过了清明节，说明他们的关系由敌变友，因为这时候我们面临着更重要的敌人，是日本。那大家知道国共两党当时清明节去祭祀谁吗?

生：孙中山。

师：其实是我们上学期学过的，被我们称为人文始祖的谁?

生：黄帝。

师：他们为什么选择去祭祀黄帝?

生：因为我们都是炎黄子孙。

师：这样去祭祀我们共同的祖先是有利于增强我们的民族凝聚力，就像我们国歌中唱的，把我们的血肉，筑成我们新的长城。我们知道，在国共两党的共同努力下，抗日战争取得了胜利。但是后来又因为解放战争，我们祖国的统一大业至今还没有完成，还缺了哪个地方?

生：台湾。

师：虽然台湾暂时和大陆分离，但这种情感的交流从来都没有中断过，（PPT展示）从2005年至今，台湾地区领导人和台湾人民在清明节都会到大陆祭拜黄陵。就像新党主席郁慕明的题词，“中华始祖、两岸同宗”，说明我们是血脉不可割断的同胞。清明节作为忠孝的载体，不仅可以弘扬亲情孝道，同样也可以促进民族的凝聚力和认同感。

备注：通过分析清明节在特殊历史年代起的作用，认识到清明节包含的文化内涵，在历史进程中已上升为一种民族精神，体现着强大的文化凝聚力与民族凝聚力。

师：现在老师想问问同学们，你们觉得现在清明节除了祭奠祖先，还有哪些人值得我们去纪念呢?

生：……

师：不管是为国奉献的科学家、革命烈士，还是为社会做出个人贡献的老百姓，都值得我们去纪念。

师：这节课我们探究了清明的起源、清明的习俗、清明的礼制和清明的文化内涵，现在请同学们为清明节写一首诗。然后我们找同学来念一下他的诗作。

备注：通过结合现实，挖掘清明节的现实意义，激发学生的情感价值观。

【教学反思】

整节课引用大量史料，从时空观念、历史解释、史料实证、家国情怀培养学生的历史核心素养，注重历史与语文、生物等学科相联系，提高了学生对文言文、诗词的阅读能力与学习兴趣。其中，故事表演不落窠臼，表演后有质疑和探索是本课的亮点。

历史学科与研学旅行的融合

聿怀初级中学　郑　巽

曾经有这么一句深入人心的话："读万卷书不如行万里路，行万里路不如阅人无数。"这里有三个关键词："读书"，即阅读书籍、文献或是参与课堂等学习过程；"行路"则可以理解为走出常规的课堂和学校，找寻和认识更美、更广的世界；而"阅人"对于学生来说，可能更倾向于向专家学者、社会人士以及周围朋友、同学的互相认识与互相学习。如果从这个层面上看，研学旅行确实不失为一种较全面、可助力青少年从"读书""行路""阅人"三个方面实现自我发展的方式。以前说，书本是孩子的世界；现在常说，世界是孩子的书本。

2019年高考全国I卷的作文主题为"倡议劳动"，如果从传统的劳动观念和路径看，倡议的内容可能会过于单薄，无论从劳动的气氛还是从形式上，都难以在更高的层面和更好的兴趣度上激发学生的劳动欲望。而如果是以研学旅行的形式出发，从德、智、体、美、劳相结合出发，从培养全面发展的人出发，从认知到实践，倡议学生多维、多元地参与到相关课程中，可能是解决单纯的"体力劳动"这种片面导向的一条新路径。

处处有历史，历史学科在研学旅行的实践中有着天然的存在优势，无论是与乡土历史的联系，还是与课本中的中国史、世界史的联系，无论在城市的某个角落，还是在某处古迹、藏馆，事与物都会有其前世和今生，历史学科与研学旅行的渗透和融合将让历史学习的课程从校内走向校外，从书本文字走向具象世界。

一、研学旅行的政策解读

"研学旅行"一词在我们政策文件中第一次出现于2013年2月由国务院办公

厅发布的《国民旅游休闲纲要（2013—2020年）》（国办发〔2013〕10号），其中提出“在放假时间总量不变的情况下，高等学校可结合实际调整寒、暑假时间，地方政府可以探索安排中小学放春假或秋假”，文件中还提到“要逐步推行中小学生研学旅行”“鼓励学校组织学生进行寓教于游的课外实践活动，健全学校旅游责任保险制度”。

把“研学旅行”纳入中小学生日常教育范畴的文件，是2014年8月由国务院发布的《关于促进旅游业改革发展的若干意见》（国发〔2014〕31号），文件中提出：“按照全面实施素质教育的要求，将研学旅行、夏令营、冬令营等作为青少年爱国主义和革命传统教育、国情教育的重要载体，纳入中小学生日常德育、美育、体育教育范畴，增进学生对自然和社会的认识，培养其社会责任感和实践能力。”

更进一步增加引导开展研学旅行的信号是国务院办公厅于2015年8月发布的《关于进一步促进旅游投资和消费的若干意见》（国办发〔2015〕62号），文件中提出：“支持研学旅行发展。把研学旅行纳入学生综合素质教育范畴。支持建设一批研学旅行基地，鼓励各地依托自然和文化遗产资源、红色旅游景点景区、大型公共设施、知名院校、科研机构、工矿企业、大型农场开展研学旅行活动。建立健全研学旅行安全保障机制。旅行社和研学旅行场所应在内容设计、导游配备、安全设施与防护等方面结合青少年学生特点，寓教于游。加强国际研学旅行交流，规范和引导中小学生赴境外开展研学旅行活动。”

以教育主管部门牵头，明确开展研学旅行工作的信号，是2016年12月由教育部等11部委联合发布的《关于推进中小学生研学旅行的意见》（教基一〔2016〕8号），该文件也进一步阐明了研学旅行的规范性定义，即“中小学生研学旅行是由教育部门和学校有计划地组织安排，通过集体旅行、集中食宿方式开展的研究性学习和旅行体验相结合的校外教育活动，是学校教育和校外教育衔接的创新形式，是教育教学的重要内容，是综合实践育人的有效途径”。文件提出要“把研学旅行纳入学校教育教学计划，与综合实践活动课程统筹考虑，促进研学旅行和学校课程有机融合”，一般安排在小学四到六年级、初中一到二年级、高中一到二年级，并根据学段特点和地域特色，逐步建立小学阶段以乡土乡情为主、初中阶段以县情市情为主、高中阶段以省情国情为主的研学旅行活动课程体系；各地要“根据研学旅行育人目标，依托自然和文化遗产资源，红色教育资源和综合实践基地等，建设一批安全适宜的中小学生研学旅行基地”；要做到“活动有方案，行前有备案，应急有预案”。学校组织开展研学旅行可采取自行开展或委托开展的形式，但须按管理权限报教育行政部门备案，并做好学生活动管理和安全保障工作。

二、研学旅行的概念辨析

研学旅行中的“研”，其含义可理解为主动地、科学地探求问题的答案，而“学”从狭义的角度可理解为读、听、观察、实践等过程，如果从广义的角度也可理解为是经验产生行为或行为潜能的过程。这是较容易理解，也不易产生歧义、混淆的两个字。需要做出辨析的是“旅行”与“旅游”，“研学旅行”与“春（秋）游”的区别：“旅行”是一种体验的过程，其包含了观察景色与事物，感知周围、感知世界的过程，强调主动地融入与习得，强调收获与提升；而“旅游”则以游玩、休闲为主，娱乐属性强，可简单地理解为花钱享受风光、风情与美食、服务，强调放松与休闲。由此可以看出，“研学旅行”是一个引导学生通过自我发现、自主探究，实现知识、技能、情感提升的过程。

在各校开展的校外实践或家长自主报名的校外夏令营活动中，我们可以发现其“游”的成分多，如果用更直白的话可以描述为“一批学生到景点吃零食、聊天、玩游戏”，这与学校教育的关联度低，没有相关的课程学习设计，往往忽略学生参与活动的过程性评价、终结性评价，其活动目标、活动内容都与研学旅行有较大出入。

有别于常见的“春（秋）游”，“研”作为第一个字，提示了研学旅行过程中的探究性；“学”字提示了此过程的习得性；“旅行”提示了其目标不是休闲，而是提升。学校在组织学生开展活动和课程时，要与这类“春（秋）游”区别开来，明确研学旅行的目标、内容和评价，达成研学的目标，同时收到预期的效果。

三、研学旅行的教学组织原则

（一）以立德树人为根本任务

习近平总书记在学校思想政治理论课教师座谈会上指出：“办好思想政治理论课，最根本的是要全面贯彻党的教育方针，解决好培养什么人、怎样培养人、为谁培养人这个根本问题。”在研学旅行的教学组织中，也要把立德树人放在教学设计的首位，通过具体的研学实践，做好学生发展的引导任务。要引导学生扣好人生第一粒扣子，帮助学生形成正确的价值观、人生观、世界观，通过在研学旅行中的点点滴滴，帮助学生习得良好的行为习惯，形成与社会、与人际、与自然相融的良好品格；要引导学生保持家国情怀，关注时代、关注社会、吸取养分、丰富思想，通过研学旅行教学设计，明确学习任务，引导学生关注社会问题，关注问题的解决路径与思路，借鉴异地研学的发展和落地措施，关注家乡的发展，成为促进家乡发展的行动派；要引导学生立鸿鹄志，做奋斗者，关注社会变化与机遇，关注自身发展，定下合适的目标，做好生涯规划。

（二）确保研学过程的安全性

安全包括人身安全和财物安全，筛选安全系数高的研学地点，选择正规的旅行社做后勤保障，车、食、住的资质审查也十分必要，学校组织学生出行，也应按要求向上级主管部门做好报备报批手续。研学旅行的组织过程不能只强调人身安全，做出的安全预案也不能只强调人身安全受到威胁时的应对，当研学旅行与历史学科深度融合之后，除了最重要的人身安全需要进行有效管理之外，还需要指导学生关注文物安全、信息安全。

（三）关注教学设计的综合性、跨学科性

研学旅行已被纳入国家课程，在组织过程中不能简化为校外游玩和简单参观，而需要以跨学科综合的思维导入研学教学设计，实现研学资源与教学目标的对接。虽然历史学科在研学旅行中有着其资源优势，但单纯依靠历史学科进行教学设计并不现实，在文化现象、非遗体验、科技发展、自然环境等研学资源中，历史学科与文学、艺术、地理等学科的融合，加强学生的认知投入，并以证据思维的方式引导学生在研学中关注具象的存在与书本知识的链接，帮助学生更好地通过深度学习挖掘学习资源和应用学习逻辑。

（四）关注教学过程的生成性和开放性

在平时的教学中，我们经常提倡“老师主导，学生主体”的模式，在研学旅行教学实践中，更需要以这样的理念来开展，引导学生进行有效的观察、思考和探究。研学旅行就是一次校外的学习，碰到的探究问题可以是老师预设的，也可以是随时随地的新发现、新问题。而如果研学的地点选择在景区，导游则可能会把学生当作一般游客，讲解内容过于肤浅或过于浮躁，如讲一些神话故事或社会故事，这都可能与原来的研学教学目标和教学设计有所出入。当发生此类现象时，带队老师需要适时地中止讲解员（或导游）的讲解，由老师接入相应的、符合学生能力情况的、能带动学生观察和思考的问题。老师还需要不断引导学生适时提问，调动学生的主动学习状态，启动学生的活跃思维，让研学课程在内容上充分地体现"与此时此景相融"的生成性。当然，研学过程中的问题探究往往也因不同方向、不同方法、不同依据而形成不同答案，老师需要引导学生从更开放的角度理解问题，而后选择某一个切面更深入地探究问题，从而形成有证据导入、有逻辑推理、有科学依据的合理答案。

（五）努力创设分享与思辨的教学环境

研学旅行一般有"导、研、展、评"四个环节，"展"即学生把研学成果和探究结果与同学、老师、家长甚至公众分享的过程。"展"的形式可以是设计或制作作品的展览，也可以是一场分享演讲，还可以是通过网络平台实现更广的成果分享传播。而"评"的环节则是带动学生思辨的有效过程，通过学生自评、组评、他评等方式，引导学生通过过程性评价和终结性评价，理清自己在研学过程中的优势与不足，也可从他人的作品分享中看到优势与差距，内化为自身发展的影响因子，这更是研学旅行对学生成长的意义所在。

（六）兼顾普惠性与实效性

学校在规划研学线路时，需要考虑线路的整体费用水平，要兼顾普惠性，让每一名学生都有尊严地参与到研学旅行课程当中。学校还要考虑研学课程开发的实效性，关注优秀文化的传承，关注学生人格素养的提升，落实学生核心素养发展，落实关键能力提升，落实课本知识链接。

四、研学旅行的教学设计

（一）研学旅行的教学目标设置

教育部等11部门印发《关于推进中小学生研学旅行的意见》中提出，"把研学旅行纳入学校教育教学计划，与综合实践活动课程统筹考虑"，教育行政部门通过规范性文件，明确了研学旅行是全国中小学校开设的国家课程。教育部于2017年印发了《中小学综合实践活动指导纲要》（以下简称《指导纲要》），根据其中的分类要求，研学旅行课程可归入综合实践活动课程的"探究考察”活动类别，研学旅行课程和综合实践课程在课程性质、基本理念、课程目标、课程内容与方式、规划与实施、管理与保障等方面具有高度的契合性，把研学旅行纳入综合实践活动课程体系，有着其必要性和可行性。

研学旅行的课程目标和综合实践活动的课程目标体系可以并用。在教育部印发的《指导纲要》中提出的总目标“学生能从个体生活、社会生活及与大自然的接触中获得丰富的实践经验，形成并逐步提升对自然、社会和自我之内在联系的整体认识，具有价值体认、责任担当、问题解决、创意物化等方面的意识和能力”，同样可以应用于研学旅行教学设计的实践中。

在以历史学科为主线的研学旅行教学设计中，教学目标的设置可以从历史认识激发学生对先辈智慧的崇敬，从历史演进了解发展规律，从历史事件习得处世哲学，从传统非遗体验匠工匠心。

（二）研学课程资源的开发

研学课程的实施需要有研学资源的对接，从历史学科为主线的研学课程角度看，研学资源可以有以下几种。

1. 文博场馆资源

各种类型的博物馆、展览馆、纪念馆等。

2. 文化教育资源

红色文化、革命遗址、名人故里、民居村落或古村落、非遗传承场馆主题公园、人文主题景区等。

3. 科技教育资源

科技馆、大学或科研机构、高新科技企业、工厂等。

4. 自然教育资源

地质公园、森林公园、动植物园及其他自然景区等。

5. 军事教育资源

军营、军事基地等。

（三）研学课程的命题设计

研学课程的开发需要老师提前做足工夫，其中研学命题的设计是研学课程的主线，以下提供几种命题设计思路供读者参考。

1. 背景信息了解

通过对研学目的地相关的时事、历史、基础原理进行初步了解，结合研学地点简介，加深对目的地的认识。可以引导学生从文章、地图、图片、视频等不同形式立体化了解，也可以引导学生运用信息技术工具和能力，通过网络进行有效检索和筛选。

2. 识别与记录

命题可以是对所观察事物的直接识别与记录，如记录汕头市博物馆中“八虫一果”共9件文物的具体信息；可以是基于现有资料对实物（或景物）进行识别与记录，如老师提供相应的地貌文字描述，学生在野外识别并摄影记录该地貌；可以是基于相关工具对实物（景物）的识别与记录，如可以通过微信小程序识别植物；可以是基于实物（景物）特征的识别与记录，如参观汕头樟林古港时，记录秦牧故居典型的潮汕民居“四点金”结构并绘图。

3. 分类与归纳

命题可以基于时间进行分类，如在汕头开埠文化陈列馆对文物以第一次工业革命和第二次工业革命的不同时期进行分类；可以基于来源进行分类，如陈列馆中文物是中国本土制造的文物，还是当时从外国引进的文物；可以基于材质进行分类，如在汕头博物馆《江河入海流》展览中的文物按照陶、瓷、木等进行分类；还可以进行规律总结与归纳，如观察汕头博物馆中的“南澳一号”出水文物后，总结出水文物命名的规则等。

4. 比较与梳理

命题可以是基于时间轴的梳理，如在厦门通士达光影体验馆，通过参观梳理灯的发展史；可以是基于不同时代的属性进行比较，如在汕头宜华木业城参观后，比较明清家具与现代家具在设计上的差异及其时代原因；还可以基于不同地域的特征进行比较，如比较厦门中山路与汕头小公园片区的骑楼特点。

5. 推理与分析

命题可以是基于数据的运营方案设计，如景区或企业的运营情况分析；可以是基于自然条件的分析，如分析过去潮汕人“过番”时所带的三件宝（甜粿、水布、市篮）对于当时“过番者”来往东南亚的意义；可以是基于史实材料的分析，如分析恩格斯提出汕头是“唯一有一点商业意义的口岸”论断的依据；还可以基于心理行为的分析，如发现很多包含潮汕元素的工业设计产品之后，分析其与消费者之间的心理关系。

6. 创意与设计

命题可以是美术作品设计，如潮汕民居“五行山墙”便是一个文创产品设计的好元素；可以是创作一件瓷器作品；也可以是文学作品设计，如进行诗歌创作或设计广告语、推广语；还可以是科学模型设计，如制作DNA模型。

7. 假设与联想

命题可以是从运营者视角提出可行性建议；可以是从缺失者视角探讨可能性，如假如没有天气预报，人们的生活会有怎样的变化；还可以是从未来者视角看待社会的发展，如超级计算机和5G技术的应用会对某个领域的影响。

（四）PBL在研学旅行中的应用

1969年，PBL（Plobrem-based Learning）由美国医学界教授Barrows等人始创于加拿大的麦克马斯特大学。他们将PBL定义为基于问题的学习既是一门课程，又是一种学习方式。PBL教学模式包含以下五个关键要素：需要解决的问题、解决问题必需的基本技能和知识、学习者学习小组、问题解决的一般过程和学生自主协作学习的精神。PBL模式是把教学/学习置于复杂的、有意义的问题情境中，通过让学生以小组合作的形式共同解决复杂的、实际或真实的问题，来学习隐含于问题背后的科学知识，发展解决问题能力的一种教学/学习模式。

五、一种研学旅行教学设计构架——混合式学习

由于研究背景、分析维度不同，不同的专家学者对混合式学习的定义不尽相同。“混合式学习”是对单一的网络化学习进行反思后提出的，尽管混合式学习的“混合”可以体现在学习理论、教学媒体、教学理念等各个方面，但究其本质是面对面教学与在线学习的混合，其他形式的“混合”为在此基础上运用、融合于整个教学活动中的具体应用。其中，北京师范大学何克抗教授对混合式学习的定义和理解更为人所认可，他提出，“所谓Blending Learning，就是要把传统学习方式的优势和E-Learning的优势结合起来，也就是说，既要发挥教师引导、启发、监控教学过程的主导作用，又要充分体现学生作为学习过程主体的主动性、积极性与创造性”。

混合式学习与研学旅行的有机结合，便是借助网上的学习平台，引导学生通过“线上—线下”相结合的学习方式，开展自主学习和合作学习，完成研学记录，分析、解决问题等学习任务。

研学旅行中的混合式学习教学范式由“线上行为”和“线下行为”构成。线上行为包括微信报名、线上讨论、平台设置、线上阅读、作业提交、作业互评、云存储等过程，线下行为包括教室会议、实地考察、小组会议等过程。线上行为和线下行为均贯穿于整个研学旅行的前置活动、研学实践、总结分享三个阶段。

（一）前置活动阶段

在研学旅行出发前，老师通过学校微信公众号向学生发布《活动手册》，包括活动目的、时间、地点、工作安排和注意事项等内容，着重向学生介绍使用蓝墨云班课APP（一个混合式学习的工具）的方法和学习任务概况；组织学生在学校进行研学前的培训，对注意事项、学习任务进行讲解，并指导学生进行小组分工和合作学习。为了更好地让学生形成小组合作学习的氛围，掌握研学旅行目的地的基本常识，在去程列车上，学生通过小组讨论、网络检索等途径完成问题任务，开展研学预习，并通过APP提交预习答案。

基于混合式学习理念的研学旅行教学范式如图1所示。

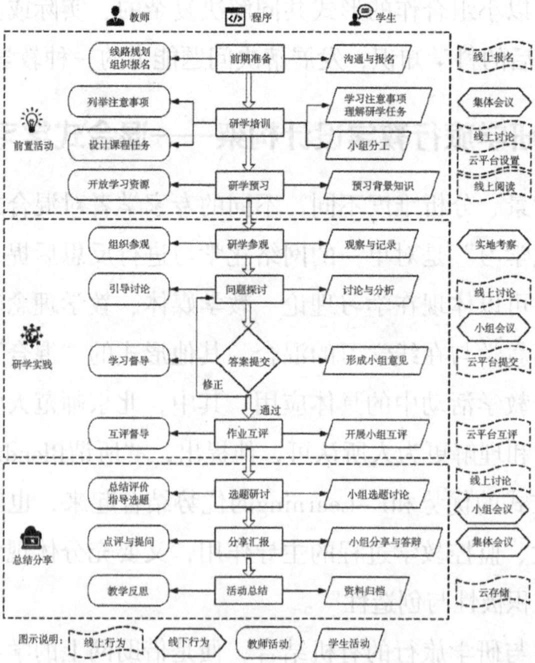

图1

（二）研学实践阶段

在研学旅行中，学生需要根据老师提出的研学问题，通过实地考察，运用已学或新学的知识点，对考察景点中的各种现象进行记录、探究，以此更深刻了解、理解景点所涉及的科学、历史、文化知识及其之间的内在逻辑关系，总结、掌握相关的学习技能和问题分析的方法，落实“在游中研、在研中学”的研学旅行课堂目标。在研学实践过程中，学生的“学习主体”和老师的“学习主导”地位得到十分清晰的呈现。学生通过实地考察和网络检索，了解相关问题的知识点，并通过小组会议的形式确认小组答案，在APP上提交；老师通过APP及时了解学生提交的答案情况，把学生答案中出现的问题或优秀的作业通过APP中的“答疑/讨论”功能向学生反馈点评意见，同时也回应学生提出的疑问。各小组完成答案提交后，老师开放同学互评，所有学生均可看到匿名显示的其他小组的答案，并按评价要求给该答案评分。

（三）总结分享阶段

研学旅行的小组分享可分为两个阶段，一个是旅行途中的小结分享，一个是旅行结束后的汇报分享。小结分享为各小组在研学问题任务中挑选若干选题，与同学分享该小组开展探究的过程、方法和结论；汇报分享是各小组在小结分享的基础上，对所选问题再行精细分析，找到问题与问题之间的内在联系，重新选定一个总结性题目进行探究，形成小组报告；小结分享一般安排于假期研学旅行的一个晚上的时间开展，汇报分享一般留出多周时间给学生开展分析和准备，安排于开学后开展。学生通过教学平台提交汇报分享PPT等材料。

在学生分享过程中，各学科的指导老师对学生分享的内容进行点评，对其不足及时纠正，对其优点及时肯定，鼓励其他同学修正和完善探究的问题答案。老师还可通过优秀小组的评选，完善激励机制，引导学生更主动地进行学习。

（四）关于这种“互联网+”研学模式的讨论

北京师范大学副校长陈丽在2018年“互联网驱动教育创新论坛”上提道：“互联网正在重构教育的组织体系和服务体系。”通过应用实践，我们发现混合式学习与研学旅行的结合，有两个值得关注的教学重构：

一是教学内容传播模型的变化。在传统的教学或研学旅行课堂设计中，老师与学生的内容传播过程，往往以“一对多”或“多对一”的线性模型为主，师生交互欠充分，可能造成部分学生未关注到老师的传播行为，老师也难以关注到所有学生的学习行为和学习成果。运用混合式学习理念开展研学旅行教学设计，通过互联网工具的应用，实现了知识共生和知识共享，在应用平台上所有学生都能利用专门的学习时间或碎片化学习时间了解老师提供的学习资料，而不受课堂学习的时空限制；学生在学习过程中，通过上传学习成果，在平台上共同生产可供阅读的知识流，完成探究结论的知识共享，实现了教学传播“多对多”的混沌模型，提高了教学传播的效率，提升了学生参与学习的成就感。

二是任务评价模式的变化。在传统的教学过程中，学生作业任务的评价通常由老师来完成，在线下开展学生互评也有一定的操作难度。而信息技术的融入，让学生互评的实现过程更为便捷，学生可以在网络平台上开展作业互评，可以实名互评，也可以“双盲互评”（作业作者匿名，评价人前台匿名，教师端可于后台查看作者和评价人信息），这大大提升了学生对探究结论的关注度，间接地督促学生更精细地探讨、更完善地组织答案，提升学生的学习专注度和参与度。

研学旅行课程正在以一种新的样态与老师、学生见面，其不依附于某个单一学科，也不限制于某一本课本。作为老师，需要以一种“做课程主人”的思维，根据学生核心素养发展的需要，挖掘研学地点的资源和信息，对研学旅行教学设计做出新的审视，在高自主度的内容框架下，按照“教—学互动”和“人—物互动”的法则，用灵活的设计激发学生的探究兴趣，在研学中过幸福的教书育人生活。

案例1　汕头开埠文化陈列馆研学参观作业

汕头市聿怀初级中学HEC校外实践课程

汕头开埠文化陈列馆研学参观作业

小组成员班级：________________________________

小组成员姓名：________________________________

____

____

汕头市聿怀初级中学核心素养发展中心　编写

一、研学地点介绍

汕头开埠文化陈列馆坐落在汕头市永平路1号，原为日本株式会社“台湾”银行汕头支行旧址，占地面积约600平方米，建筑面积约1800平方米，坐西南向东北，是一座中西合璧的三层半欧陆式建筑。一楼为多功能展厅，二楼为永久式文物展厅，三楼“清音阁”为潮乐文化展厅。

在第三次全国文物普查中，永平路1号大楼被登记为不可移动的新发现文物点。为纪念汕头开埠150周年，进一步梳理历史文化发展的脉络，选址于此修建汕头开埠文化陈列馆。

汕头开埠文化陈列馆是我市一张文化名片，浓缩展示了1860年1月1日汕头开埠以来的发展，在陈列布置上反映了汕头开埠的历史脉络、开埠的意义以及开埠以来带来的繁荣气象。

你可以通过网络或向长者请教，了解汕头开埠文化的更多信息。

二、研学参观提示

（1）本次参观时间较长，有一定的体力消耗，请务必在出发前用饱正餐。

（2）请按年级、班级的小组安排，与同组同学一起进行研学，互相支持、协作，完成研学考察任务。

（3）展馆面积较小，请按照本班级指定路线参观，不掉队、不串楼层；自觉遵守参观纪律，不大声讨论、喧哗，保持展馆秩序井然。

（4）参观时注意书包等物品随身体活动的摆动，不要碰坏展馆中的文物。

（5）参观结束后，请以小组为单位，认真、细致完成本次的研学作业，并于11月12日（周一）前把作业本交至班主任处，以班级为单位送至学校教学楼五楼核心素养发展中心。

（6）请组长与班主任老师沟通并确定在本班开展分享活动的时间，并把本次研学过程中学习、体会到的内容、心得与同班同学分享。

三、研学主题

跨越三个世纪的沧海桑田。

四、研学目标

1. 价值体认

通过实地参观，了解汕头开埠历史，培养热爱家乡的情怀。

2. 责任担当

通过小组协作学习，明确成员角色和任务，学会主动承担及完成团队任务。

3. 问题解决

通过实地参观和观后研讨，运用相关知识、常识，解答汕头开埠文化历史、文物的相关问题，拓展知识视野，提升知识应用能力。

五、相关学科和领域

请你运用语文知识读懂史料，并对各问题进行文字表述；运用历史知识对开埠初期汕头各行业的布局情况做相关分析；运用地理知识对开埠时期和现在的汕头城市布局做比较；运用道德与法制的常识贯穿研学过程，并开展小组协作；运用信息技术对相关信息进行检索。

六、研学任务

1. 商埠历史

由于____________战争发生，1858年，英、美、法等国强迫清政府签订了《____________条约》，____________年，汕头被正式开放为通商口岸，称为汕头埠。

2. 商埠发展

（1）恩格斯曾说，《南京条约》签订以后，汕头是远东唯一有一点商业意义的口岸。你认为，恩格斯提出这一论断的依据是什么？

（2）请按以下分类，各记录5件文物名称。

① 民俗用品类文物：

② 设备设施类文物：

③ 文献文书类文物：

（3）根据参观，列举出开埠以后，汕头哪些行业（至少4个）有了发展？并在开埠文化馆的展品中找出对应文物的具体证据（至少各3件，注明名称），说明理由。

（4）百载商埠，是东西文化汇集之地。请将展品分类，看哪些是近代中国传统文化的延续，哪些是西方文化的引进。各找出至少4件文物，注明名称并简述用途。

3. 商埠变迁

观察当时的汕头市布局图，谈谈开埠时的汕头城市布局有何特点？比较现在的汕头地图，看看汕头的市中心和行政区划有何变化。请用简图和文字进行说明。

4. 合影展示

请拍摄一张有意义的小组合影，并于班级分享活动中进行展示。

点赞区 小伙伴，你是不是很有成就感，你还可以请其他小组的同学为你签名点赞哦！

【评价与提升】

1. 小组评价

小组成员	班级	姓名	纪律表现（1～5分）	作业参与（1～30分）	分享交流（1～10分）	同伴协作（1～5分）	合计（50分）
组长							
组员							

注：请通过小组集体讨论的方式，确定小组成员评分。评分过程请充分考虑合理、友善、成长，以达成小组成员互相促进、共同成长的目标。

组长签名：______________ 评价日期：______________

2. 老师评价

参观过程（1～20分）	作业完成（1～50分）	分享交流（1～30分）
由带队老师填写	由班主任老师填写	由班主任老师于分享交流后填写
评分：	评分：	评分：
老师签名：	老师签名：	老师签名：

注：请小组组长、成员在老师评价打分过程时，听取老师的口头点评意见。

3. 小组总结

请结合以上评价要素，简述小组的优点和提升点。

4. 活动收获

请采用头脑风暴的方式开展小组讨论，并记录下参加本次活动的收获。

案例2 汕头市博物馆研学参观作业

汕头市聿怀初级中学HEC校外实践课程

汕头市博物馆研学参观作业

小组成员班级：________________

小组成员姓名：________________

____

____

汕头市聿怀初级中学核心素养发展中心 编写

一、研学地点介绍

汕头市博物馆是一所综合性博物馆。馆址坐落在环境清雅幽静的中山公园内。1960年建馆，是潮汕地区文物和标本的主要收藏、宣传教育机构和科学研究机构，也是汕头市一处重要的爱国主义教育基地和青少年教育服务基地。馆内收藏有自新石器时代以来历代陶瓷器、书画、铜器、玉器、金漆木雕等各类文物及藏品12000多件，其中三级以上珍贵文物3000余件（其中一级16件，二级157件），珍贵文物数量在省内地市级博物馆中名列前茅。

本次我们将参观的便是汕头市博物馆内系列珍藏，如清康雍年间紫砂名家陈鸣远制作的紫砂清供雅玩“八果一虫”、精美绝伦的清道光二十五年“金漆木雕人物小神龛”等一批文物精品。

你可以通过汕头市博物馆公众号了解更多相关内容。

二、研学参观提示

（1）本次参观面积较大，有一定的体力消耗，请务必在出发前用饱正餐。

（2）请按年级、班级的小组安排，与同组同学一起进行研学，互相支持、协作，完成研学考察任务。

（3）请按照指定路线参观，不掉队；自觉遵守参观纪律，不大声讨论、喧哗。

（4）博物馆中有部分为禁拍照区域，请注意各展厅入口的提示，严格遵守参观规则。（重点：在博物馆中拍照，严禁使用闪光灯，请务必检查闪光灯处于关闭状态后方可使用相机功能。）

（5）参观结束后，请以小组为单位，认真、细致完成本次的研学作业，并于11月12日（周一）前把作业本交至班主任处，以班级为单位送至学校教学楼五楼核心素养发展中心。

（6）请组长与班主任老师沟通并确定在本班开展分享活动的时间，并把本次研学过程中学习、体会到的内容、心得与同班同学分享。

三、研学主题

潮汕民俗与文物鉴赏（学习能力训练重点：学会观察和记录）。

四、研学目标

（1）价值体认：通过实地参观，了解潮汕民俗文化，激发学生对于历史文化的学习兴趣；了解文物的保护及研究等工作，提升文化自信和道路自信。

（2）责任担当：通过小组协作学习，明确成员角色和任务，学会主动承担及完成团队任务。

（3）问题解决：通过实地参观和观后研讨，运用相关知识、常识，解答潮汕民俗与文物鉴赏的相关问题，拓展知识视野，提升知识应用能力。

五、相关学科和领域

请你运用语文知识进行各问题的文字表述；运用历史知识进行相关分析；运用道德与法制的常识贯穿研学过程开展小组协作；运用美术技能进行参观记录；运用创新思维能力为博物馆发展提建议。

六、研学任务

1. 馆情概况

（1）汕头市博物馆的开放时间是周____至周____每天____：00—____：00（16：30观众停止进场），逢周____闭馆（法定节假日除外）。门票价格：__________。

（2）汕头博物馆现正开展志愿者招募活动，你发现初中生可能胜任的服务岗位有：____。

2. 展览与展示

通过仔细观察，列举出展览文物中以下类别的文物各一件（标明时间/作者/产地）：

石器：________ ____

玉器：________ ____

陶器：________ ____

紫砂器：______ ____

铜器：________ ____

瓷器：________ ____

木器：________ ____

3. 江河入海流——汕头历史陈列展

（1）七年级上册历史第一单元中我们学习了中国境内远古人类起源，包括云南元谋人、北京人、山顶洞人、浙江河姆渡人、陕西半坡人等。参观了汕头市博物馆后，你认为潮汕人的起源最早可以追溯到哪一历史时期？请列举对研究潮汕史前文明有重要意义的两处遗址名称为证。

（2）展厅中有一块“潮海关”的碑刻，它是汕头正式开埠的标志，结合参观中相应的文物陈列，你认为这与中国近代历史上哪一次侵略战争及条约有关？

（3）请列举至少3种展厅中出现的潮汕美食名称。

4. 南海遗珍——“南澳1号”出水文物精品陈列

（1）“南海遗珍”展厅讲述了一艘沉睡在水下______多年的明______年间古船“南澳1号”的故事。据考古学家推测，当时这艘船可能是从福建______出发开往东南亚______，然后中转运往美洲。可惜的是，船在______岛沉没了。

（2）请仔细观察“南澳1号”出水文物精品陈列，分别临摹一个漳州窑瓷器和一个景德镇瓷器花纹（图旁请作标注）。

（3）明清海洋贸易兴盛，汕头是当时海上丝绸之路的重要节点。红头船是清代潮汕地区从事远洋贸易的商船，大多数潮汕先辈就是乘坐红头船到海外谋生发展的，红头船文化是汕头海上丝绸之路文化的重要组成部分。请观察潮汕红头船的模型，尝试说明“红头船”名称的由来，以及“红头船”精神的内涵。

5. 粤东藏珍——汕头市博物馆馆藏文物精品陈列

仔细观察清康雍年间紫砂名家陈鸣远手制的紫砂清供雅玩《八果一虫》，他手制的是哪八果、哪一虫？尝试以其中一件作品为例，画出作品结构简图，并标注作者名章在作品中的位置。

6. 延伸拓展

请你和小伙伴一起出谋划策，帮助汕头市博物馆未来更好的发展提出合理的建议。

7. 合影展示

请拍摄一张有意义的小组合影，并于班级分享活动中进行展示。

点赞区 小伙伴，你是不是很有成就感，你还可以请其他小组的同学为你签名点赞哦！

【评价与提升】

1. 小组评价

小组成员	班级	姓名	纪律表现（1～5分）	作业参与（1～30分）	分享交流（1～10分）	同伴协作（1～5分）	合计（50分）
组长							
组员							

注：请通过小组集体讨论的方式，确定小组成员评分。评分过程请充分考虑合理、友善、成长，以达成小组成员互相促进、共同成长的目标。

组长签名：__________ 评价日期：__________

2. 老师评价

参观过程（1～20分）	作业完成（1～50分）	分享交流（1～30分）
由带队老师填写	由班主任老师填写	由班主任老师于分享交流后填写
评分：	评分：	评分：
老师签名：	老师签名：	老师签名：

注：请小组组长、成员在老师评价打分过程时，听取老师的口头点评意见。

3. 小组总结

请结合以上评价要素，简述小组的优点和提升点。

4. 活动收获

请采用头脑风暴的方式开展小组讨论，并记录下参加本次活动的收获。

后记

2013年，教育部启动了普通高中课程标准修订工作。《普通高中历史课程标准（2017年版）》确定了历史学科唯物史观、时空观念、史料实证、历史解释和家国情怀五大核心素养。而初中的课程标准也正在修订之中。

2014年，教育部印发的《关于全面深化课程改革　落实立德树人根本任务的意见》中，首次提出“核心素养体系”概念。2016年9月13日，《中国学生发展核心素养 》研究成果在京发布，为今后的课标修订、课程建设、学生评价诸方面给出了指导方向。核心素养是指学生应具备的，能够适应终身发展和社会发展需要的必备品格和关键能力，是关于学生知识、技能、情感、态度、价值观等多方面的综合表现。

2017年9月25日，教育部发布了《中小学综合实践活动课程指导纲要》，文件指出，中小学综合实践活动课程是学校教育课程方案规定的必修课程，与学科课程并列设置，从小学到高中全面实施。综合实践课程注重引导学生在实践中学习，在探究、服务、制作、体验中学习，分析解决现实问题。

在以上三大文件的指导精神之下，结合初中历史学科和初中学段学生的身心特点，我们提出了“初中历史跨领域教学”的研究课题。叶小兵教授在《培养学生的历史学科核心素养——历史课程教材改革的新思路》中提出，历史教学的改革方向，应该“研制我国学生跨学科核心素养和学科核心素养”，“转变育人模式，实现从学科本位、知识本位到育人本位、学生素养发展本位的转型”，“实现课程内容的转化、整合与优化，确立以学生素养发展为指向的跨学科整体育人观念”。因此，跨领域的初中历史教学的探索，将以知识为探索驱动，以家国情怀和历史感悟为价值观渗透目标，使传统的、孤立的历史学习向多学科、多知识背景、多思维模式的碰撞、融合及重构的综合教学方式的转变。

跨领域（Cross-Disciplinary）这一教育学术语有两层含义：一是指交叉领

域，与交叉科学（Inter-Discipline）有同等意义，因此，许多人也称跨学科为交叉科学。具体而言，是指专门学科的综合科学含量，每一门科学，都有它的跨学科性（包含其他的科学范畴）和跨学科发展。二是指复合学习，即超越原学科界限，从事其他学科的学习。

初中历史“跨领域”教学的研究，主要是从初中历史学科的课程标准要求出发，通过开放性的教学场景的搭建、综合性的课堂与活动设计，落实“立德树人”和“社会主义核心价值观”的教育目标。本课题既重视不同学科之间核心知识的资源整合，更重视在学科整合之中突显历史学科的学科特色和主导地位，解决初中历史“跨学科”教学中“喧宾夺主”“种了别人的田，荒了自己的地”“大杂烩”等教学误区。提升学生历史学科唯物史观、时空观念、史料实证、历史解释、家国情怀五个核心素养，使学生初步掌握一定的史学方法，并使学生能够用历史的眼光辩证地看待社会发展，树立正确的价值观、人生观、世界观。

同时，本课题还研究如何应用不同的媒体及信息技术工具，实现传统历史学科教学的模式更新。改变以往历史教学中的信息“单向传输”、简单课堂“互动”状况，实现教学信息的双向，甚至是辐射性的传播，并使历史学科的学习成果的展示与反馈能够在学生中实现由点到面，解决教学中如何使学生拥有平等学习平台的问题。

本书从七个方面进行跨领域教学资源在初中历史教学中运用的探讨：

（1）文学与初中历史教学。

（2）地理与初中历史教学。

（3）道德法治与初中历史教学。

（4）艺术与初中历史教学。

（5）数学与初中历史教学。

（6）信息技术与初中历史教学。

（7）历史活动课与历史研学旅行。

教学改革进行不断深入，步伐不断向前，需要一线教师转换教学观念，在教学模式上不断地创新。同时也需要教师以“跨领域”的视野来审视历史教学中存在的问题。在不同学科中汲取历史教学的素材、资源，并实现学科能力的“跨领域”迁移。信息技术的日新月异也为“跨领域”的教学搭建了桥梁，同时也让我们有了新的思考：如何用技术改变传统的历史教学思维，开通初中教学的交互渠道，打造不同的历史教学场景。

本书的出版，得到了汕头市历史教研员朱命有老师的倾力指导，也得力于广东省陈泽群名师工作室全体成员的倾力合作，本书是我们在跨领域初中历史教学中迈开的第一步，理论难免粗浅，案例尚显粗糙，但我们研究的步伐将继续深入，希望借此书，与广大同行交流探讨，也恳请批评指正。

陈泽群

2019年10月10日